ESSEN & GENIESSEN

D1986275

Wok-Rezepte

schnell & frisch

Schnelle Wok Rezepte

Fotos und Gesamtherstellung: Naumann & Göbel Verlagsgesellschaft mbH, Köln

ISBN: 3-625-11153-5

ESSEN & GENIESSEN

Wok-Rezepte

schnell & frisch

NAUMANN & GÖBEL

INHALTSVERZEICHNIS

Kochen mit dem Wok

Asiens Küchengerät Nummer eins ist aus der europäischen Küche nicht mehr wegzudenken. Das Multitalent im Pfannenrühren, Dämpfen, Braten, Schmoren und Frittieren vereint fernöstliche und europäische Genüsse. Entdecken Sie die unbegrenzten Einsatzmöglichkeiten des Woks und sehen Sie selbst, wie einfach, schnell und gesund Sie mit dem Wok die köstlichsten Gerichte zubereiten können.

Ein Wok geht um die Welt

Seine Entstehung verdankt der Wok der armen Landbevölkerung im China vor ca. 3000 Jahren: Der Mangel an Brennmaterial verlangte nach einer effektiven und ökonomischen Zubereitung der täglichen Nahrung. Ein Topf (im Kantonesischen: Wok) mit einer besonderen Kochstelle wurde erfunden, der schnelles Braten bei starker Hitze gewährleistete. Mit dem aus Eisen gegossenen Küchengerät in Form einer Halbkugel konnte die von der Feuerstelle abgegebene Hitze optimal genutzt und zerkleinerte Zutaten gleichmäßig und in Windeseile zubereitet werden. Diese Form der Zubereitung, bei der an den halbrunden Wänden des Woks in wenig, aber sehr heißem Öl die Zutaten hin- und hergewendet werden, nennt man „chow" – das Pfannenrühren. Neben bestem Geschmack gewährleistet es eine schonende Zubereitung, da durch die kurzen Garzeiten Geschmack, Vitamine und Nährstoffe erhalten bleiben.

Schnelles, gesundes und köstliches Genießen mit dem Wok: Wen wundert's also, dass er sich über die Grenzen Chinas hinweg ausbreitete und Asiens Küchengerät Nummer eins wurde. Sowohl in den typisch asiatischen Straßenküchen als auch im Restaurant oder zu Hause ist der Wok nicht mehr wegzudenken.
Auch in Europa ist der Wok längst kein unbekanntes Küchenutensil mehr. Auf der Suche nach einer modernen, vollkommenen Ernährung hat hier die bewusste Esskultur der asiatischen Küche an Vorbildfunktion gewonnen. Frische, Leichtigkeit, Einfachheit und die Ausgewogenheit von Geschmack und Textur, die in Asien immer noch als Teil der kulinarischen Tradition gelten, stehen den Erkenntnissen der modernen Ernährungswissenschaft nicht nach und finden ihre Verbindung mit der europäischen Küche im so genannten „Fusion-Cookery". Der Wok ist also längst nicht mehr nur Symbol für fernöstliche Kultur, vielmehr Bindeglied der verschiedenen Küchen Asiens und Europas.

Die vielfältigen Verwendungsmöglichkeiten des Woks machen ihn zu einem Universalgerät, das in jeder Küche zu seiner spezifischen Anwendung kommen kann. Neben dem Pfannenrühren bietet er sich an für Schmoren und Braten und ist ideal für das Frittieren und Dämpfen von Zutaten. Ein Allround-Topf also, der aus der modernen, gesunden Küche nicht mehr wegzudenken ist.

Der moderne Wok

Sowohl Material als auch Form haben sich im Laufe der Zeit mehr und mehr den Bedürfnissen der europäischen Küche angepasst. Der traditionelle chinesische Wok besteht aus Eisen und ist nur in Verbindung mit bestimmten Feuerstellen einsatzfähig, in denen das Halbrund des Topfbodens hineingesetzt werden kann.

Der Wok von heute ist auf moderne Küchengeräte abgestimmt. Ein Wok mit gewölbtem Boden kann nur für Gasherde verwendet werden. Dabei sorgt ein spezieller Standring für den notwendigen Halt und den richtigen Abstand zum Herd. Für die Verwendung des Woks auf Elektroherden sind die Topfböden mittlerweile flach und plangeschliffen.

Das **Material** der verschiedenen Woks reicht von rostfreiem Edelstahl über Aluminium und Kupfer bis hin zu Karbonstahl. Die meisten Woks sind mittlerweile beschichtet und damit sehr pflegeleicht. Seien Sie aber vorsichtig, dass Sie die Antihaftbeschichtung der Innenwände nicht mit robusten Rührgeräten beschädigen. Verwenden Sie am besten Geräte aus Holz oder Bambus.

Wichtig bei der Auswahl eines Woks für Ihre Küche ist, dass das Material die Hitze schnell aufnimmt und auf Temperaturveränderungen schnell reagiert. Hier bieten sich besonders Kupfer und Aluminium an, allerdings sind die Woks aus Kupfer oft sehr teuer.

Bitte beachten Sie, dass die meisten Woks mit Ausnahme der beschichteten vor dem Gebrauch präpariert werden müssen. Halten Sie sich hierfür sehr genau an die Bedienungsanleitungen, die jedem Wok beiliegen, da erst so eine optimale Nutzung Ihres Woks gewährleistet werden kann.

Die richtige **Größe** des Woks hängt ganz von Ihren Kochgewohnheiten ab. Allgemein gilt, dass selbst ein großer Wok ideal für kleinere Portionen ist, nicht aber umgekehrt. Erfahrungsgemäß benötigen Sie für die Zubereitung von 4 Portionen einen Wok von ca. 35 bis 40 cm Durchmesser.

Zubehör

Neben dem Wok an sich gibt es natürlich einiges an Zubehör, das Ihnen das Kochen und Zubereiten in Ihrer Wok-Küche erleichtern soll. Die meisten Woks werden gleich im Set verkauft. Alles, was Sie darüber hinaus brauchen, können Sie entweder im Asia-Shop, mittlerweile aber auch in jedem Kaufhaus bzw. Haushaltsgeschäft nachkaufen.

Metallgitter

Ein meist halbrundes Metallgitter gehört zur Grundausstattung jedes Woks. Es wird am oberen Wok-Rand eingehängt, so dass das ausgebackene Gargut auf ihm abtropfen und gleichzeitig warm gehalten werden kann.

Deckel

Ein Deckel gehört zum Basic-Zubehör des Woks. Meist aus Edelstahl, Aluminium oder hitzebeständigem Glas braucht man ihn vor allem zum Dämpfen.

Spatel oder Pfannenheber

Der Pfannenheber sieht aus wie eine kleine Schaufel mit hochgezogenem Rand. Die Unterkante des Metallblattes ist leicht abgerundet, damit man beim Umrühren und Heben der Speisen im Wok nicht aneckt. Der Griff des Spatels ist relativ lang, aus Holz oder Kunststoff.

Sieblöffel und Bambussieb

Man unterscheidet zwei Arten von Sieben: Mit dem Sieblöffel, einem fein- bis grobmaschigen Drahtgeflecht mit Bambus- oder Holzstiel, heben Sie das Frittiergut aus dem Bratfett oder bewegen die Portionen im heißem Öl hin und her, um eine gleichmäßige Bräunung zu erzielen. Des Weiteren gibt es Bambussiebe in unterschiedlichen Größen mit und ohne Abtropfschale bzw. kleinere Drahtsiebe mit Stiel oder Bambusgriff.

Kochstäbchen

Kochstäbchen benutzt der echte Profi, um die Speisen im Wok zu rühren. Sie sind länger als die normalen Essstäbchen, damit man den Boden des Woks erreichen kann, ohne sich die Finger zu verbrennen.

Bambuszange

Mit der Bambuszange kann man kleine Probebissen aus dem Wok nehmen oder Fertiggegartes problemlos herausholen. Die Zange eignet sich besonders für alle, die noch nicht so gut mit den Kochstäbchen umgehen können.

Wok-Bürste

Die Bürste ist ebenfalls ein nützliches und traditionelles Wok-Zubehör mit Mehrfachfunktion. Man verwendet sie, um sehr fein geschnittene Zutaten pfannenzurühren, da die feinen Bürstenenden dazu besser geeignet sind als der große Pfannenheber. Weiterhin reinigt man mit Hilfe der Bürste den Wok unter fließendem heißen Wasser. Die aus geschnittener Bambusfaser hergestellten Bürsten sollten niemals mit Spülmittel gesäubert und nach Gebrauch gut gespült an der Luft getrocknet werden.

Dämpfkorb

Das Dämpfen von Gemüse und Fisch ist in China die verbreitetste Garmethode. Die dafür in verschiedenen Größen verwendeten Bambuskörbchen werden geschlossen in einen mit kochendem Wasser gefüllten Wok gesetzt. Der aufsteigende Dampf strömt durch das Körbchen hindurch, ohne dass Wasser mit dem Gargut in Berührung kommt. Weil die Dämpfkörbchen nicht nur funktionell, sondern auch attraktiv sind, werden sie gerne zum Anrichten von Speisen genutzt.

Küchenbeil

Wer stilecht arbeiten und furchtlos ans Werk gehen will, sollte sich ein asiatisches Küchenbeil samt dazugehörigem Hackbrett zulegen. Solch ein Küchenbeil wird in der asiatischen Küche sehr vielseitig verwendet. Neben feinen und groben Schneidarbeiten kann damit auch filetiert, zerstoßen und Fleisch geklopft werden. Asiatische Köche besitzen in der Regel drei verschiedene Beile, die sich durch Gewicht und Verwendungszweck unterscheiden.

Hackbrett

Zu einem guten Beil gehört natürlich auch ein solides Hackbrett. In der asiatischen Küche werden runde Hartholzscheiben geschätzt, die im Ganzen aus einem Stamm geschnitten sind. Ideal sind die bei uns angebotenen schicht- oder stäbchenverleimten Bretter oder Blöcke. Die Anschaffung ist zwar nicht billig, aber auch dieses Küchengerät hält bei guter Pflege ebenso lange wie das Beil.

Kochen im Wok

Pfannenrühren

Pfannenrühren ist die für den Wok bekannteste und beliebteste Zubereitungsart. Die Zutaten werden in sehr wenig, aber sehr heißem Öl erhitzt und dabei ständig hin und her bewegt. In Minutenschnelle können sie so gegart werden, ohne dass ihr natürlicher Geschmack oder Vitamine und Nährstoffe verloren gehen. Fleisch wird von außen knusprig und kross, bleibt innen aber saftig. Gemüse bleibt knackig und bissfest.
Weil das Pfannenrühren eine recht rasche Angelegenheit ist, ist es wichtig, dass Sie alle Zutaten vorher schon vorbereitet haben und bereitstellen. Zutaten mit einer längeren Gardauer sollten als erstes in den Wok gegeben werden, erst dann folgen die mit der kürzeren Garzeit. Sinnvoll ist es auch, die Zutaten, die am schnellsten gar sind, größer zu schneiden als die, die länger garen müssen.

Schmoren

Beim Schmoren werden erst nur kleinere Mengen von Zutaten im Wok angeröstet bzw. scharf angebraten, schließlich mit Flüssigkeit (Wasser, gewürzte Brühe etc.) aufgegossen und bei geschlossenem Deckel geschmort. Diese Garmethode eignet sich vor allem für die Zubereitung von grobfaserigem Fleisch.
Das Rotschmoren ist eine typisch chinesische Garmethode. Der Name kommt von dem hohen Anteil dunkler Flüssigkeit, wie z. B. Sojasauce, in der die Gerichte vor sich hinschmoren, nachdem sie kurz angebraten wurden.

Frittieren

Beim Frittieren werden die Zutaten – roh oder in Teig gehüllt – in heißem Öl ausgebacken. Der Wok eignet sich hierfür besonders, schließlich benötigt man für das Frittieren im Wok längst nicht die Menge an Öl wie bei herkömmlichen Methoden. Frittieren im Wok ist dann kinderleicht, wenn das Öl die richtige Temperatur hat bzw. heiß genug ist. Um das herauszufinden, tauchen Sie ein Holzstäbchen in das Öl. Steigen daran kleine Bläschen auf, können Sie mit dem Frittieren beginnen.

Dämpfen

Die klassischste Garmethode in China ist das Dämpfen. Dabei werden die Zutaten in die gewäserten Dämpfkörbchen gelegt, diese in einen Wok mit wenig Flüssigkeit gestellt und im Dampf gegart. Wichtig beim Dämpfen ist, dass Dämpfkorb und Gargut nicht mit der Flüssigkeit im Wok in Berührung kommen und dass der Wok während des Dämpfens gut verschlossen ist. Der Wasserstand sollte während des Vorgangs immer wieder überprüft werden.

Kochen

Nicht umsonst nennt man den Wok ein Multitalent. Natürlich kann man mit ihm auch kochen. Suppen und Eintöpfe entstehen im Wok, indem die Zutaten erst kurz angebraten, dann mit Flüssigkeit angegossen werden und anschließend vor sich hinkochen können.
Aufwändig, aber durchaus reizvoll ist die Zubereitung von Fleisch im Wok, das erst gekocht und danach angebraten wird. Innen erhält es so seinen zartschmelzenden Kern, außen entsteht eine knusprige Hülle.

Räuchern

Auch davor macht der Wok nicht Halt: Räuchern von Fisch und Fleisch. Kleiden Sie den Wok mit einigen Lagen Aluminiumfolie aus und geben Sie etwas Räuchermehl hinein. Wenn der Wok gut vorgeheizt ist, kommt das Räuchergut auf einem Rost oder in einem Siebeinsatz dazu. Für das Räuchern muss der Wok fest verschlossen sein, damit der Rauch nicht entweichen kann.

Welche Kräuter und Gewürze Ihre Wok-Küche so einmalig machen, erfahren Sie auf den jeweiligen Rezeptseiten. Erhältlich sind diese exotischen Zutaten in Asia-Shops oder im gut sortierten Fachhandel. Unsere Wok-Rezepte spiegeln vor allem die asiatische Küche mit Ihrer Vorliebe für frisches Gemüse, Reis, Nudeln, Fisch und Geflügel wider, sie nehmen aber auch heimische Zutaten und Gerichte auf, die mit asiatischen Aromen verfeinert werden. Entdecken Sie die Vielfältigkeit Ihres Woks und genießen Sie die Vereinigung von europäischen und asiatischen Genüssen.

Gesund: Vegetarisch

Frische und Einfachheit sind das A und O in der asiatischen Küche, deshalb haben Gemüse, Kräuter und Obst auch einen ganz besonderen Stellenwert. Im Wok können diese Zutaten in Minutenschnelle gegart werden, ohne dass ihr natürlicher Geschmack oder Vitamine und Nährstoffe verloren gehen.

AUSGEBACKENE ZUCCHINI

Für 4 Portionen

800 g Zucchini
125 g gemahlene Cashewkerne
50 g geriebener Parmesan
1/2 Bund Koriander
1 Ei
Salz
Pfeffer
60 ml Erdnussöl
400 g Schmand
100 g Joghurt
1 Knoblauchzehe
1 kleine rote Paprikaschote
Ingwer- und Kreuzkümmelpulver

Zubereitungszeit: ca. 30 Minuten
816 kcal/3430 kJ

1 Die Zucchini waschen, trocknen und längs in dünne Scheiben schneiden. Die Cashews mit dem Käse vermengen. Das Koriandergrün waschen, trocknen, fein hacken und unter die Käsemasse heben.

2 Das Ei in einer Schüssel verquirlen, salzen und pfeffern. Die Zucchinischeiben zunächst durch das Ei ziehen und anschließend in der Käsemasse wenden. Die Panade etwas andrücken.

3 Das Öl im Wok erhitzen und die Zucchinischeiben darin goldbraun backen. Den Schmand mit dem Joghurt in einer Schüssel verrühren. Die Knoblauchzehe schälen und dazupressen.

4 Die Paprikaschote waschen, halbieren, entkernen, in sehr kleine Würfel schneiden und unter den Dip rühren. Alles mit Salz, Pfeffer, Ingwer- und Kreuzkümmelpulver abschmecken. Die Zucchinischeiben mit dem Dip auf Tellern anrichten und servieren.

Cashewkerne

Der weiche Nusskern des Nierenbaumes mit seinem mandelartig süßlichen Eigengeschmack wird in der asiatischen Küche vielseitig verwendet. Da die magenberuhigend und nervenstärkend wirkenden Nüsse sich leicht mahlen lassen, sind sie wie in diesem Rezept – anstelle von Mehl – ideal als Panade zu verarbeiten.

PIKANTE BOHNENSUPPE

■ **Für 4 Portionen**

600 g grüne Bohnen
1 Bund Basilikum
2 El Erdnussöl
100 g Bacon bits
150 g Tomatenstücke (FP)
3 El Sojasauce
2 El Hoisin-Sauce
750 ml Gemüsebrühe
2 Knoblauchzehen
Salz
Pfeffer
Kreuzkümmelpulver

Zubereitungszeit: ca. 20 Minuten
255 kcal/1072 kJ

Sojasauce
Die Grundwürze sehr vieler asiatischer Speisen basiert auf Sojasauce, einer traditionellen Würzsauce mit universeller Anwendung. Je nach Ursprungsland hat sie einen anderen Charakter, deshalb sollten Sie für japanische Gerichte japanische und für chinesische chinesische Sojasauce nehmen.

1 Die Bohnen unter fließendem kalten Wasser waschen, von den Stielen befreien und halbieren. Das Basilikum waschen, trocknen und in Streifen schneiden. Das Öl im Wok erhitzen und den Bacon darin auslassen.

2 Die Bohnen, das Basilikum und die Tomatenstücke dazugeben. Alles mit Sojasauce und Hoisin-Sauce abschmecken. Nach ca. 4 Minuten alles mit der Gemüsebrühe angießen.

3 Die Knoblauchzehen schälen und dazupressen. Das Ganze bei milder Hitze ca. 5 Minuten ziehen lassen. Vor dem Servieren alles mit Salz, Pfeffer und Kreuzkümmelpulver abschmecken.

SÜSS-SAURES PAPRIKAGEMÜSE

Für 4 Portionen

Je 2 rote, gelbe und grüne Paprikaschoten

4 Tomaten

6 Knoblauchzehen

1/2 Bund Petersilie

3 El Erdnussöl

4 El Reiswein

4 El Sojasauce

1 El Zucker

Anis-, Koriander- und Ingwerpulver

Zubereitungszeit: ca. 20 Minuten
255 kcal/1072 kJ

1 Die Paprikaschoten waschen, putzen, entkernen und in dünne Streifen schneiden.

2 Die Tomaten kreuzweise einschneiden, kurz in kochendes Wasser tauchen, abschrecken, häuten und in Spalten schneiden.

3 Die Knoblauchzehen schälen und durchpressen. Die Petersilie waschen, trocknen und fein hacken.

4 Das Öl im Wok erhitzen und das Gemüse darin andünsten. Den Reiswein und die Sojasauce angießen.

5 Kurz ziehen lassen und alles mit Zucker, Anis-, Koriander- und Ingwerpulver abschmecken. Alles auf Tellern anrichten und servieren.

Erdnussöl

Erdnussöl lässt sich problemlos hoch erhitzen und ist deshalb ideal für das Braten und Frittieren im Wok. Im Gegensatz zum Sesamöl ist es neutral im Geschmack.

LINSENSALAT

■ **Für 4 Portionen**

2 Zwiebeln
1 Bund Frühlingszwiebeln
100 g geröstete Erdnüsse
1/2 Bund Brunnenkresse
100 g Couscous
3 El Sesamöl
200 g rote Linsen
Salz
Zucker
3 El Weißweinessig
1 El Sojasauce
250 ml Gemüsebrühe

Zubereitungszeit: ca. 25 Minuten
374 kcal/1571 kJ

1 Die Zwiebeln schälen und in Würfel schneiden. Die Frühlingszwiebeln putzen, waschen und in Ringe schneiden.

2 Die Erdnüsse grob hacken. Brunnenkresse waschen, trocknen und die einzelnen Blättchen abzupfen.

3 Couscous nach Packungsanweisung zubereiten. Das Öl im Wok erhitzen und die Zwiebeln, Frühlingszwiebeln und die Nüsse darin andünsten.

4 Die Linsen dazugeben und das Ganze mit Salz, Zucker, Weißweinessig und Sojasauce abschmecken.

5 Die Gemüsebrühe angießen und alles bei milder Hitze ca. 4 Minuten ziehen lassen.

6 Das Couscous und die Brunnenkresse unterrühren, alles auf Tellern anrichten und lauwarm mit etwas Brunnenkresse garniert servieren.

Brunnenkresse

Brunnenkresse wächst in feuchten Gebieten wie z. B. an Bächen oder Flüssen. Der pikant bittere Geschmack passt sehr gut zu Salaten und Fleischgerichten. Brunnenkresse sollte stets nur kurz mitgegart werden.

BUNTE GEMÜSEPFANNE

Für 4 Portionen

3 rote Zwiebeln
2 Knoblauchzehen
Je 2 kleine Auberginen und Zucchini
4 Fleischtomaten
2 Paprikaschoten
4 El Sesamöl
Salz
Pfeffer aus der Mühle
Senfsaat
Kreuzkümmelpulver
1-2 Stiele Thai-Basilikum
1-2 Stiele Zitronengras oder 1 El getrocknetes Zitronengras
500 ml Gemüsefond
2-3 El Sesamsaat, geschält

Zubereitungszeit: ca. 25 Minuten
480 kcal/2017 kJ

1 Die Zwiebeln und die Knoblauchzehen schälen und in feine Würfel schneiden. Die Auberginen und die Zucchini putzen, waschen, der Länge nach halbieren und in fingerdicke Dreiecke schneiden.

2 Die Tomaten kreuzweise einritzen, kurz in kochendes Wasser tauchen, kalt abschrecken und die Haut abziehen. Die Tomaten halbieren, entkernen und in kleine Stücke schneiden. Die Paprikaschoten halbieren, entkernen, unter fließendem kalten Wasser waschen und anschließend in grobe Stücke schneiden.

3 Das Öl im Wok erhitzen und das Gemüse getrennt voneinander unter Rühren ca. 2-3 Minuten braten. Anschließend das Gemüse zusammen in den Wok geben und mit Salz, Pfeffer, Senfsaat und Kreuzkümmelpulver würzen.

4 Die Kräuter putzen, waschen und fein hacken. Zum Gemüse geben und alles mit dem Gemüsefond ablöschen. Ca. 2-3 Minuten kochen lassen.

5 Die Sesamsaat in einer Pfanne ohne Fett rösten. Das Gemüse auf Teller verteilen und mit den Sesamkörnern bestreut servieren.

Zitronengras

Zitronengras, auch „Sereh" genannt, ist eine Grasart mit den gleichen ätherischen Ölen wie sie Zitronen besitzen. Sein duftiges Zitronenaroma entwickelt sich erst richtig beim Garen, Zitronengras wird aber nach dem Kochen nicht mitgegessen. Ähnlich wie bei Frühlingszwiebeln werden bei der frischen Pflanze die welken Außenblättchen entfernt und nur die unteren dicken Teile verwendet. Zitronengras hält sich gut verpackt mehrere Wochen im Gemüsefach des Kühlschranks.

GEMÜSE-CURRY

Für 4 Portionen

2 Paprikaschoten
1 Bund Frühlingszwiebeln
280 g Bambussprossen aus der Dose
200 g Wasserkastanien aus der Dose
5-6 El Sesamöl
600 g Chinesisches Pfannengemüse (FP)
250 ml Gemüsebrühe
3-4 El Currypulver
1/2 Bund Koriandergrün zum Garnieren

Zubereitungszeit: ca. 20 Minuten
362 kcal/1523 kJ

Curry

Curry gibt es in Indien und anderen ostasiatischen Ländern nicht als Fertigprodukt. Stattdessen werden die Currymischungen je nach Gericht eigens zusammengestellt. So verschiedenfarbig Curry sein kann, so verschieden scharf ist er. Insgesamt besteht er aus 3 bis 15 und mehr gemahlenen Gewürzen.

1 Die Paprikaschoten waschen, putzen, entkernen und in Streifen schneiden.

2 Die Frühlingszwiebeln putzen, waschen und in Ringe schneiden. Die Bambussprossen und die Kastanien auf ein Sieb geben und gut abtropfen lassen.

3 Das Öl im Wok erhitzen und das geputzte Gemüse zusammen mit dem Pfannengemüse unter Rühren ca. 4-5 Minuten anbraten.

4 Die Brühe dazugießen und alles ca. 8-10 Minuten schmoren lassen. Das Currypulver einrühren und das Gemüsecurry mit Koriandergrün garniert servieren.

SPROSSEN MIT ORANGEN

Für 4 Portionen

250 g Sojabohnenkeime
250 g Mixed Pickles aus dem Glas
3-4 El Sesamöl
2-3 Orangen
250 g geräucherter Tofu
Salz
Pfeffer aus der Mühle
4 El Sojasauce
1 Beet Kresse

Zubereitungszeit: ca. 20 Minuten
248 kcal/1042 kJ

1 Die Sojabohnenkeime unter fließendem kalten Wasser kurz abbrausen. Auf ein Sieb geben und gut abtropfen lassen. Die Mixed Pickles ebenfalls gut abtropfen lassen.

2 Das Öl im Wok erhitzen und das Gemüse darin unter Rühren kurz anbraten. Die Orangen so schälen, dass die weiße Haut mitentfernt wird. Mit einem scharfen Messer die Filets herauslösen und in kleine Stücke schneiden.

3 Den Tofu in Würfel schneiden. Tofu und Orangenfilets zum Gemüse geben und alles mit Salz, Pfeffer und Sojasauce würzen. Das Ganze ca. 2 Minuten schmoren lassen.

4 Die Kresse waschen, trocknen und vom Beet abschneiden. Alles in Schälchen anrichten und mit Kresse garniert servieren.

Tofu

Tofu ist eine Art Quark aus Sojabohnen und in Asien eines der Grundnahrungsmittel. Sein hoher Eiweißgehalt macht ihn zu einer gesunden Fleisch-Alternative. Vitamin B1 vertreibt außerdem Müdigkeit und Appetitlosigkeit. Tofu selbst besitzt sehr wenig Eigengeschmack und lässt sich deshalb vielseitig zubereiten und verwenden.

GEBACKENE ENDIVIEN

Für 4 Portionen

500 g Endivien
8 Eiweiß
2 Eigelb
Salz
2 El Mehl
1 El Maisstärke
Erdnussöl zum Ausbacken
100 ml Orangensaft
1 El Erdnussöl
1 El Paprikapulver
1 Tl Chilipulver
20 g Korianderblättchen
100 ml helle Sojasauce
1 El Fünf-Gewürz-Pulver
2-3 El Rohrzucker
100 ml Himbeeressig
1 Tl Sesamöl
1 Tl Zucker
1/4 Bund Frühlingszwiebeln

Zubereitungszeit: ca. 30 Minuten
367 kcal/1541 kJ

Fünf-Gewürz-Pulver

Je nach Land variieren die Zusammensetzungen des Fünf-Gewürz-Pulvers. Sie basieren auf Fenchelsamen, Gewürznelken, Kardamom oder Pfeffer, Sternanis und Zimt.

1 Die Endivien putzen, unter fließendem Wasser waschen und gut abtropfen lassen. Die Endivienblätter trocknen und in ca. 5 cm lange Stücke schneiden.

2 Das Eiweiß steif schlagen. Das Eigelb verquirlen und unter den Eischnee heben. Salz, Mehl und Maisstärke unterheben. Die Endivienblätter durch den Eierteig ziehen und in heißem Erdnussöl goldbraun ausfrittieren.

3 Für die erste Sauce den Orangensaft erhitzen, vom Herd nehmen und Erdnussöl, Paprikapulver, Chilipulver und Korianderblättchen einrühren.

4 Für die zweite Sauce die Sojasauce erwärmen und das Gewürzpulver mit dem Zucker dazugeben. Solange unter Rühren erhitzen, bis sich der Zucker gelöst hat.

5 Für die dritte Sauce den Essig mit Sesamöl, Zucker und etwas Salz verrühren. Die Frühlingszwiebeln putzen, waschen, fein hacken und unter die Sauce rühren.

6 Die drei Saucen zusammen mit den gut abgetropften Endivien anrichten und servieren.

PAKSOI MIT EI

Für 4 Portionen

600-700 g Paksoi
2 Zwiebeln
4 Chilischoten
3-4 El Erdnussöl
300 g Tomatenwürfel aus der Dose
4-5 El Sojasauce
2-3 El Kokosmilch
Salz
Pfeffer aus der Mühle
4-5 Wachteleier, gekocht aus dem Glas

Zubereitungszeit: ca. 30 Minuten
235 kcal/990 kJ

1 Paksoi putzen, waschen und gut abtropfen lassen. Das Gemüse in mundgerechte Stücke schneiden. Die Zwiebeln schälen und in feine Würfel schneiden.

2 Die Chilischoten halbieren, Trennwände und Kerne entfernen und die Schoten unter fließendem Wasser waschen. In feine Würfel schneiden.

3 Das Öl im Wok erhitzen und die Zwiebel- und Chiliwürfel darin unter Rühren andünsten.

4 Das Paksoi-Gemüse dazugeben, kurz anschmoren und mit den Tomatenwürfeln, der Sojasauce und der Kokosmilch ablöschen. Alles ca. 10-15 Minuten schmoren lassen. Mit Salz und Pfeffer würzen.

5 Die Eier gut abtropfen lassen und halbieren. Das Gemüse anrichten und mit den Eiern garniert servieren.

Paksoi

Der chinesische Senfkohl gleicht in seinem milden Aroma dem Chinakohl. Die weißen knackigen Stiele und die frischen Blätter schmecken roh als Salat oder bei kurzer Garzeit gekocht als Gemüse.

SÜSS-SAURES GEMÜSE

■ **Für 4 Portionen**

100 g Chinakohl
125 g Möhren
125 g frische Shiitake-Pilze
125 g Zuckerschoten
50 g Ingwer
2 Knoblauchzehen
2 rote Chilischoten
100 g eingelegte Bambussprossen
150 g Ananas
4 El Sonnenblumenöl
4 El Reisessig
4 El helle Sojasauce
4 El Sherry
2 El Zucker
200 ml Hühnerbrühe
1 Tl Maisstärke

Zubereitungszeit: ca. 30 Minuten
399 kcal/1676 kJ

Sojasauce
Helle Sojasaucen sind salziger und werden für Gerichte verwendet, die keine Farbe annehmen sollen. Dunkle Sojasaucen haben dagegen ein kräftiges, süßliches Aroma.

1 Den Chinakohl waschen, trocknen und die Blätter der Länge nach halbieren. Anschließend in 2 cm breite Streifen schneiden. Die Möhren schälen und in dünne Scheiben schneiden. Die Pilze mit Küchenpapier abreiben und halbieren. Die Zuckerschoten waschen und halbieren.

2 Ingwer schälen und in sehr feine Scheiben schneiden. Den Knoblauch schälen und fein hacken. Chilischoten waschen, entkernen und in Streifen schneiden.

3 Die Bambussprossen in einem Sieb abtropfen lassen. Die Ananas schälen, den Strunk entfernen und das Fruchtfleisch in Stücke schneiden.

4 Das Öl im Wok erhitzen und die Möhren mit den Pilzen, den Zuckerschoten und dem Chinakohl darin anbraten. Ingwer, Knoblauch und Chili zufügen, kurz mitbraten.

5 Bambussprossen, Ananas, Essig, Sojasauce, Sherry und Zucker dazugeben. Mit 3/4 der Brühe angießen und vermischen.

6 Die Stärke mit der restlichen kalten Brühe anrühren, über das Gemüse gießen und sofort untermischen. 4 Minuten köcheln lassen. Das Ganze in Schälchen anrichten und servieren.

RÜHREI MIT PILZEN

■ **Für 4 Portionen**

3 getrocknete Morcheln
3 getrocknete Shiitake-Pilze
1 rote Chilischote
10 g Ingwer
2 Frühlingszwiebeln
2 Stiele Koriander
4 Eier
2 Tl Sojasauce
Pfeffer
1 Tl Erdnussöl
2 El Sonnenblumenöl

Zubereitungszeit: ca. 30 Minuten
230 kcal/966 kJ

1 Die getrockneten Pilze in eine Schüssel geben und mit so viel heißem Wasser übergießen, dass sie damit gut bedeckt sind. Alles ca. 15 Minuten quellen lassen.

2 Die Chilischote waschen, entkernen und in dünne Streifen schneiden. Den Ingwer schälen und sehr fein hacken. Die Frühlingszwiebeln putzen, waschen und in Ringe schneiden. Den Koriander waschen, trocknen und die Blättchen abzupfen.

3 Die Pilze in einem Sieb abtropfen lassen und in Stücke schneiden. Die Eier verquirlen und Sojasauce, Pfeffer und Erdnussöl unterrühren.

4 Den Wok erhitzen und das Sonnenblumenöl hineingeben. Die Pilze darin kurz anbraten. Die restlichen Zutaten bis auf die Eier und den Koriander dazugeben und mit den Pilzen vermengen. Die Eimasse hineingießen und so lange garen, bis sie zu stocken beginnt. Die gestockte Masse jeweils an den Rand schieben.

5 Das Rührei auf vorgewärmten Tellern oder in Schälchen anrichten und mit dem Koriandergrün bestreut servieren.

Shiitake
Der würzige Baumpilz, dem starke Heilkraft zugesagt wird, findet sich bei uns vor allem getrocknet im Handel. Sein kräftiges Aroma macht ihn zu einer unverzichtbaren Würze in Suppen, Saucen und Fonds.

SZECHUANGURKE AUF BULGUR

Für 4 Portionen

2 mittelgroße Salatgurken
1 Bund Frühlingszwiebeln
1 Stück frischer Ingwer (4 cm)
2 Knoblauchzehen
1 rote Chilischote
3-4 El Sesamöl
1 El Rohrzucker
2-3 El Sojasauce
1-2 Tl Szechuangewürz (FP)
1 El Chiliöl
150 g Bulgur

Zubereitungszeit: ca. 25 Minuten
313 kcal/1315 kJ

1 Die Gurken waschen, halbieren, die Kerne entfernen und schräg in Scheiben schneiden. Die Frühlingszwiebeln putzen und in feine Röllchen schneiden.

2 Den Ingwer und die Knoblauchzehen schälen und fein hacken. Die Chilischote waschen, entkernen und in feine Würfel schneiden.

3 Das Öl erhitzen und das Gemüse darin unter Rühren ca. 6-7 Minuten braten. Den Zucker, die Sojasauce und das Gewürz dazugeben. Das Chiliöl ebenfalls dazugeben.

4 Alles weitere 6-8 Minuten köcheln lassen. In der Zwischenzeit den Bulgur laut Packungsanweisung zubereiten. Den Bulgur vorsichtig mit den anderen Zutaten im Wok mischen, anrichten und in Schälchen servieren.

Bulgur

Bulgur ist eine orientalische Sättigungsbeilage aus gekochten, geschälten und geschroteten Weizenkörnern, eine Art Weizengrütze und eine interessante, zumal eiweiß- und vitaminreichere Alternative zum Reis. In Verbindung mit der scharf gewürzten Szechuanküche entsteht so ein pikantes Gericht der „Global Cuisine".

Sauerampfersuppe

■ **Für 4 Portionen**

400 g Sauerampfer
5 getrocknete Datteln
100 g Palmherzen aus der Dose
3-4 El Erdnussöl
500 ml Gemüsefond
Salz
Pfeffer
Ingwer- und Nelkenpulver
2-3 El scharfe schwarze Bohnenpaste
250 ml ungesüßte Kokosmilch
2-3 El Sesamsaat

Zubereitungszeit: ca. 20 Minuten
264 kcal/1110 kJ

1 Den Sauerampfer waschen, trocknen und grob hacken. Die Datteln klein schneiden. Die Palmherzen abgießen und in kleine Stücke schneiden.

2 Das Öl im Wok erhitzen und den Sauerampfer mit den Datteln und den Palmherzen darin kurz anbraten.

3 Den Gemüsefond angießen und mit Salz, Pfeffer, Ingwer- und Nelkenpulver würzen. Die Bohnenpaste dazugeben und alles ca. 10 Minuten köcheln lassen. Die Kokosmilch dazugießen und weitere 1-2 Minuten unter Rühren kochen lassen.

4 Die Sesamkörner in einer Pfanne ohne Fett rösten. Die Suppe in Schälchen verteilen und mit den Sesamkörnern bestreut servieren.

Schwarze Bohnenpaste

Bohnenpaste ist eine dicke Würzpaste, die aus fermentierten Sojabohnen, Chilischoten, Knoblauch und Gewürzen hergestellt wird. Die Konsistenz kann von breiig bis stückig variieren. Sie erhalten diese Paste in Asia-Shops.

Asiatisch: Reis und Nudeln

Kein Gericht, das in Asien ohne Reis oder Nudeln serviert wird! Ganz egal, ob Sie ein einfaches Alltagsgericht zubereiten oder ein üppiges Festmahl zaubern möchten: In Verbindung mit besten asiatischen Aromen und feinen Zutaten sind diese Grundzutaten mehr als nur einfache Beilage.

REIS MIT SCHWEINEFILET

■ **Für 4 Portionen**

100-150 g Reis
750 ml Kalbsfond (FP)
250 ml Asiafond (FP)
2-3 El Sojasauce
2-3 El Reiswein
250 g Schweinefilet
1 Bund Frühlingszwiebeln
2-3 El Sesamöl
200 g grüner Spargel aus dem Glas
Salz, Pfeffer
Ingwer- und Knoblauchpulver
1/2 Beet Kresse

Zubereitungszeit: ca. 35 Minuten
370 kcal/1555 kJ

Reis

An den vielen Redewendungen und Bräuchen erkennt man die besondere Stellung des Reises in Asien: Der Wunsch für ein gutes neues Jahr lautet in China „Möge dein Reis niemals anbrennen". „Guten Tag" heißt auf Chinesisch „Hast du heute schon Reis gegessen?"

1 Den Reis in ein Sieb geben und mit heißem Wasser überbrühen. Den Kalbsfond mit Asiafond, Sojasauce und Reiswein mischen.

2 Die Mischung zusammen mit dem Reis in einen Topf geben und aufkochen lassen. Bei milder Hitze ca. 15-20 Minuten ausquellen lassen.

3 Das Schweinefilet waschen, trocknen und in dünne Scheiben schneiden. Die Frühlingszwiebeln putzen, waschen und in Ringe schneiden.

4 Das Öl im Wok erhitzen und die Frühlingszwiebeln zusammen mit dem Schweinefilet unter Rühren ca. 4-5 Minuten braten. Den Spargel in ein Sieb geben und gut abtropfen lassen. In mundgerechte Stücke schneiden und zum Fleisch geben. Erwärmen und alles mit den Gewürzen abschmecken.

5 Das Fleisch mit dem Spargel unter den Reis heben, in Schälchen anrichten und mit der Kresse bestreut servieren.

Reisnudeln mit Krebsfleisch

■ **Für 4 Portionen**

150 g Reisfaden-nudeln
750 ml Hummerfond (FP)
2-3 El Ingwersaft
2-3 El Sojasauce
Etwas Zitronenpfeffer
300 g Flusskrebs-fleisch
2 Eier

Zubereitungszeit: ca. 20 Minuten
570 kcal/2396 kJ

Rührei
Sie können die Eier auch in einer separaten Pfanne verrühren und dabei zerpflücken. Diese „Eierflocken“ dann vor dem Servieren über die Reisnudeln streuen.

1 Die Nudeln in ausreichend warmes Wasser legen, bis sie weich sind. In ein Sieb geben, gut abtropfen lassen und mit kaltem Wasser abspülen.

2 Den Hummerfond zusammen mit dem Ingwersaft, der Sojasauce und dem Zitronenpfeffer im Wok erhitzen. Die Nudeln bei milder Hitze darin 3-5 Minuten garen.

3 Das Krebsfleisch dazugeben und erwärmen. Die Eier verquirlen und langsam in die Reisnudel-Mischung hineingießen. Bei milder Hitze ca. 1 Minute stocken lassen und dann vorsichtig umrühren. Die Suppe in Schälchen anrichten und servieren.

Duftreis mit Früchten

Für 4 Portionen

200 g Duft- oder Basmatireis
200 g Lychees aus der Dose
2 Bananen
1/2 Ananas
1 Mango
250 ml ungesüßte Kokosmilch
2-3 El süße Kokosnusscreme
4 cl Kokoslikör
Kardamom-, Nelken- und Anispulver
1 Karambole

Zubereitungszeit: ca. 30 Minuten
348 kcal/1464 kJ

1 Den Reis nach Packungsanweisung garen. Die Lychees in ein Sieb geben und gut abtropfen lassen. Anschließend halbieren.

2 Die Bananen schälen und in Scheiben schneiden. Die Ananas schälen, den Strunk entfernen und die Frucht in Stücke schneiden. Die Mango schälen, vom Kern lösen und in Würfel schneiden.

3 Die Kokosmilch mit der Kokoscreme und dem Kokoslikör langsam im Wok erhitzen. Das Obst dazugeben und bei milder Hitze ca. 3-4 Minuten garen.

4 Mit den Gewürzen pikant abschmecken und den gut abgetropften Reis vorsichtig unterheben. Die Karambole waschen, trocknen und in Scheiben schneiden. Den Reis auf Tellern anrichten und mit den Karambolescheiben garniert servieren.

Basmatireis

In den Bergregionen des Himalajas gedeiht u. a. dieser Reis. Er gehört zu den besten seiner Sorte und ist besonders aromatisch mit fein nussigem Geschmack und herrlichem Duft. Seine Körner haften nach dem Kochen aneinander, so dass man den Basmati ideal mit Stäbchen essen kann.

FADENNUDELN MIT PILZEN

Für 4 Portionen

100 g Bohnen-Fadennudeln
Je 1 rote und gelbe Paprikaschote
3-4 scharfe Chilischoten
300 g Austernpilze
3 Knoblauchzehen
1 Stück frischer Ingwer (2 cm)
6-7 El Sesamöl
Salz
Pfeffer
Senfpulver
1 El Chilisauce
125 ml Pilzfond (FP)

Zubereitungszeit: ca. 25 Minuten
289 kcal/1215 kJ

1 Die Nudeln in warmes Wasser legen, bis sie weich sind. Anschließend gut abtropfen lassen und in 3-4 cm lange Stücke schneiden.

2 Die Paprikaschoten und Chilischoten halbieren, entkernen und die Schoten waschen. In feine Würfel schneiden.

3 Die Pilze putzen und in Stücke schneiden. Die Knoblauchzehen und den Ingwer schälen und fein hacken.

4 Das Öl im Wok erhitzen und das gesamte Gemüse darin portionsweise ca. 3-4 Minuten unter Rühren braten. Die Nudeln dazugeben und ca. 1 Minute unter Rühren braten.

5 Alles mit den Gewürzen abschmecken und die Chilisauce und den Pilzfond dazugeben. Alles bei milder Hitze ca. 4-5 Minuten garen. Die Nudeln mit den Pilzen und dem Gemüse anrichten und servieren.

Frittierte Fadennudeln
Wenn Sie es kross und knackig mögen, frittieren Sie diese Nudeln aus Mungobohnenmehl. Tipp: Fadennudeln müssen vor dem Kochen oder Braten kurz in Wasser eingeweicht werden.

JOGHURTREIS MIT LINSEN

Für 4 Portionen

100 g Vollkornreis
50 g kleine grüne Puy-Linsen
500 ml Gemüsefond (FP)
Salz
Pfeffer
Koriander- und Ingwerpulver
60 g Pfefferbutter
100 g Perlzwiebeln aus dem Glas
Kreuzkümmel- und Nelkenpulver
1 El Himbeeressig
4-5 El Naturjoghurt

Zubereitungszeit: ca. 30 Minuten
298 kcal/1253 kJ

Vollkornreis

Enthülst, aber unbehandelt behält der Vollkornreis Vitamine, Ballast- und Mineralstoffe bei sich und ist deshalb auch so gesund. Die herzhaften braunen Körnchen mit dem nussigen Geschmack haben eine etwas längere Garzeit als weißer Reis.

1 Den Reis zusammen mit den Linsen in dem Gemüsefond ca. 20 Minuten kochen lassen. Mit Salz, Pfeffer, Koriander- und Ingwerpulver abschmecken.

2 Die Butter im Wok erhitzen. Die gut abgetropften Perlzwiebeln darin unter Rühren 4-5 Minuten braten.

3 Die Reis-Linsen-Mischung in ein Sieb geben und gut abtropfen lassen. Zu den Perlzwiebeln geben.

4 Alles mit Kreuzkümmel- und Nelkenpulver abschmecken. Den Essig dazugeben und alles bei milder Hitze ca. 3-5 Minuten garen. Den Joghurt vorsichtig unterheben und alles sofort anrichten und servieren.

BAMI MIT THUNFISCH

Für 4 Portionen

150 g Eierfadennudeln
300 g Kirschtomaten
4 Schalotten
2 Knoblauchzehen
2 Stangen Sellerie
2 Möhren
4-5 El Chiliöl
Salz
Pfeffer
Ingwerpulver
250 ml Gemüsefond (FP)
2-3 El Sojasauce
250 g Thunfisch im eigenen Saft
1 Msp. Sambal Oelek
3-4 El geröstete Zwiebeln (FP)

Zubereitungszeit: ca. 30 Minuten
464 kcal/1950 kJ

1 Die Nudeln laut Packungsanweisung garen. Die Tomaten waschen, halbieren und vierteln.

2 Die Schalotten und die Knoblauchzehen schälen und in feine Würfel schneiden. Den Sellerie putzen und in Scheiben schneiden.

3 Die Möhren schälen und in Stifte schneiden. Das Öl im Wok erhitzen und das gesamte Gemüse darin unter Rühren 5-6 Minuten garen.

4 Mit Salz, Pfeffer und Ingwerpulver würzen und den Gemüsefond mit der Sojasauce dazugeben. Aufkochen lassen.

5 Die Nudeln und den Thunfisch in ein Sieb geben und gut abtropfen lassen. Beides vorsichtig unter das Gemüse heben und ca. 2-3 Minuten erwärmen.

6 Das Nudelgericht mit Sambal Oelek abschmecken, anrichten und mit den Zwiebeln bestreut servieren.

Thunfisch

Seit Sushi bei uns Einzug gehalten hat, kennt man das dunkle, feste Fleisch auch roh. Es erinnert im Geschmack ein wenig an Kalbfleisch und sollte am besten immer frisch zubereitet werden.

4-Farben-Reisschüssel

■ **Für 4 Portionen**

500 g Reis, Salz

Für den grünen Reis:

2-3 El Sesamöl

100 g Blattspinat (TK)

100 g Erbsen (TK)

125 ml Gemüsefond

2-3 El Sojsasauce

Pfeffer

Zwiebel- und Knoblauchpulver

Muskat

Für den violetten Reis:

300 g Rote Bete aus dem Glas

Kardamom- und Nelkenpulver

Für den orangefarbenen Reis:

200 g süß-sauer eingelegter Kürbis

2 Bananen

2-3 Aprikosen aus der Dose

2-3 El Sesamöl

1-2 El gelbe Currypaste

Für den roten Reis:

300 g Tomato al gusto mit Zwiebeln und Knoblauch (FP)

4-5 El Paprikapaste

Zucker

2-3 El Sesamöl

Zubereitungszeit: ca. 40 Minuten
700 kcal/2941 kJ

1 Den Reis in ausreichend kochendem Salzwasser nach Packungsanweisung garen. Abgießen und gut abtropfen lassen.

2 Für den grünen Reis das Sesamöl im Wok erhitzen und den grob gehackten Spinat mit den Erbsen darin kurz anbraten. Den Gemüsefond und die Sojasauce dazugeben und bei milder Hitze ca. 3-5 Minuten garen. Mit Salz, Pfeffer, Zwiebel- und Knoblauchpulver und Muskat abschmecken und ein Viertel des gegarten Reises vorsichtig unterheben. Herausnehmen und warm stellen.

3 Für den violetten Reis die Rote Bete in ein Sieb geben, gut abtropfen lassen, die Flüssigkeit dabei auffangen und die Rote Bete in feine Würfel schneiden. Zusammen mit der Flüssigkeit in den Wok geben und erhitzen. Mit Kardamom- und Nelkenpulver abschmecken und ein weiteres Viertel vom Reis unterheben. Herausnehmen und warm stellen.

4 Für den orangefarbenen Reis den Kürbis in ein Sieb geben und gut abtropfen lassen. Anschließend in feine Würfel schneiden. Die Bananen schälen und in feine Würfel schneiden. Die Aprikosen abtropfen lassen und fein hacken. Das Sesamöl erhitzen und die Kürbis- und Bananenwürfel zusammen mit den Aprikosen darin 1-2 Minuten unter Rühren braten. Alles mit der Currypaste abschmecken und ein Viertel des Reises vorsichtig unterheben. Herausnehmen und warm stellen.

5 Für den roten Reis die Tomatenwürfel mit der Paprikapaste, Salz, Pfeffer und Zucker mischen. Das Sesamöl im Wok erhitzen und die Tomatenmischung unter Rühren ca. 1-2 Minuten erwärmen. Den restlichen Reis unterheben und erwärmen. Die vier Reisbällchen auf Tellern anrichten und servieren.

PAD-THAI-NUDELN

Für 4 Portionen

100 g flache Thai-Eiernudeln
1 Bund Radieschen
1 grüne Paprikaschote
200 g Tofu
2 Bund Frühlingszwiebeln
4-5 El Sesamöl
250 g frische Shrimps ohne Schale
250 g Mungobohnensprossen
125 ml Fischsauce (FP)
3-4 El Reiswein
Zucker
1 Ei
3-4 El gehackte ungesalzene Erdnüsse
1 unbehandelte Zitrone

Zubereitungszeit: ca. 30 Minuten
377 kcal/1583 kJ

1 Die Nudeln nach Packungsanweisung garen. Die Radieschen putzen, waschen, trocknen und in Scheiben schneiden. Die Paprikaschote halbieren, entkernen und die Schoten unter fließendem kalten Wasser waschen. In Würfel schneiden.

2 Den Tofu ebenfalls in Würfel schneiden. Die Frühlingszwiebeln putzen, waschen, trocknen und in feine Röllchen schneiden. Das Öl im Wok erhitzen und das vorbereitete Gemüse mit dem Tofu und den Shrimps darin unter Rühren portionsweise ca. 3-4 Minuten braten.

3 Die Bohnensprossen mit warmem Wasser abspülen, gut abtropfen lassen und dazugeben. Alles mit der Fischsauce und dem Reiswein ablöschen und die gut abgetropften Nudeln dazugeben. Mit einer Prise Zucker abschmecken und bei milder Hitze ca. 3-4 Minuten garen.

4 Das Ei verquirlen, dazugeben und bei milder Hitze stocken lassen. Die Nudeln anrichten und mit den Erdnüssen bestreuen. Die Zitrone in Achtel schneiden, die Nudeln damit garnieren und servieren.

Thai-Nudeln

Die Thai-Nudeln werden vorwiegend für Bami-Gerichte verwendet. Es gibt sie in verschiedenen Längen und Breiten.

NUDELSUPPE MIT HUHN

■ **Für 4 Portionen**

120 g Bohnenplatten oder Bohnenquarknudeln (FP)
Je 500 ml Hühner- und Asiafond (FP)
1-2 El Szechuangewürz
100 g Suppengrün (TK)
400 g Hähnchenbrustfilet
400 g Strohpilze aus der Dose
2-3 El Sesamöl
Salz
Pfeffer
Korianderpulver
1 Bund Koriandergrün

Zubereitungszeit: ca. 30 Minuten
387 kcal/1628 kJ

Bohnenplatten
In der asiatischen Küche werden die Bohnenplatten als Einlage für Suppen und Eintöpfe verwendet.

1 Die Bohnenplatten im warmen Wasser quellen lassen. Anschließend in Stücke oder Streifen schneiden. Den Hühner- und Asiafond mit dem Szechuangewürz und dem Suppengrün im Wok zum Kochen bringen.

2 Die Bohnenquarknudeln bei milder Hitze ca. 15-20 Minuten in dem Fond garen. Das Hähnchenbrustfilet waschen, trocknen und in feine Würfel schneiden.

3 Die Strohpilze in ein Sieb geben und gut abtropfen lassen. Das Hähnchenfleisch mit den Pilzen im heißen Öl 3-4 Minuten unter Rühren braten. Mit Salz, Pfeffer und Korianderpulver abschmecken.

4 Alles zusammen in die Suppe geben und 1-2 Minuten köcheln lassen. Das Koriandergrün waschen, trocknen und fein hacken. Die Suppe in Schälchen verteilen und mit dem Koriandergrün bestreut servieren.

Bratreis mit Hackbällchen

■ **Für 4 Portionen**

4 rote Zwiebeln
2 Knoblauchzehen
Salz
4 El Butterschmalz
Pfeffer
Zimt-, Piment- und Safranpulver
100 g Rundkornreis
250 ml Asiafond (FP)
400 g Schinkenmett
100 g Zwiebel-Knoblauch-Mischung (TK)
Paprikapulver
1 Tl scharfer Senf
2-3 El Mandelblättchen

Zubereitungszeit: ca. 30 Minuten
683 kcal/2869 kJ

1 Die Zwiebeln schälen und in dünne Ringe schneiden. Die Knoblauchzehen schälen und mit etwas Salz zerdrücken. Die Hälfte des Butterschmalzes im Wok erhitzen und die Zwiebelringe mit der Knoblauchpaste darin glasig andünsten. Die Gewürze und den Reis dazugeben und unter Rühren 1-2 Minuten dünsten.

2 Alles mit dem Asiafond ablöschen und bei milder Hitze zugedeckt ca. 15-20 Minuten garen. Das Mett mit der Zwiebel-Knoblauch-Mischung, Salz, Pfeffer, Paprikapulver und Senf vermischen. Aus der Masse kleine Bällchen formen.

3 Den restlichen Butterschmalz in einer Pfanne erhitzen und die Fleischbällchen darin ca. 4-5 Minuten braten. Die Bällchen vorsichtig unter den Reis heben und ca. 3-4 Minuten alles zusammen erhitzen.

4 Die Mandelblättchen in einer Pfanne ohne Fett goldgelb rösten. Den Bratreis mit den Hackbällchen in Schälchen anrichten und mit Mandelblättchen bestreut servieren.

Rundkornreis

Die Körner des Rundkornreises sind fast ebenso breit wie lang. Er enthält mehr Stärke als Langkornreis und wird durch Kochen ziemlich weich und klebrig. Für Pudding u. Ä. lässt er sich deshalb gut formen.

FRITTIERTE GLASNUDELN

■ **Für 4 Portionen**

400 g Pastinaken
1/2 Bund Frühlingszwiebeln
300 g Zuckerschoten
3-4 El Erdnussöl
Salz
Pfeffer
Muskat
Senfpulver
3-4 El Ahornsirup
2-3 El Dijonsenf
Erdnussöl zum Frittieren
120 g Glasnudeln

Zubereitungszeit: ca. 30 Minuten
435 kcal/1828 kJ

1 Die Pastinaken schälen und in kleine Würfel schneiden. Die Frühlingszwiebeln putzen, waschen, trocknen und in ca. 2-5 cm lange Stücke schneiden. Die Zuckerschoten putzen, waschen und gut abtropfen lassen.

2 Das Öl im Wok erhitzen und das Gemüse unter Rühren portionsweise ca. 3-4 Minuten braten. Mit den Gewürzen abschmecken, herausnehmen und gut abtropfen lassen.

3 Den Ahornsirup und den Senf in das verbliebene Bratfett rühren und vorsichtig erwärmen. Das Gemüse wieder dazugeben und glacieren. Herausnehmen und warm stellen.

4 Den Wok säubern und ausreichend Erdnussöl zum Frittieren darin erwärmen. Die Glasnudeln darin portionsweise knusprig frittieren. Das Gemüse mit den Glasnudeln anrichten und servieren.

Muskatnuss
Die Bezeichnung ist eigentlich irreführend, da es sich nicht um Nüsse handelt, sondern um die Samenkerne des Muskatnussbaumes. Die scharfen aromatischen Muskatnüsse kommen ursprünglich von den Molukken in Südostasien.

PILZE MIT REISFÜLLUNG

Für 4 Portionen

250 g 5-Minuten-Reis
300-400 g große Anischampignons
2-3 rote Zwiebeln
100 g gekochter Schinken
100 g Tomato al gusto mit Kräutern (FP)
Salz
Pfeffer
Piment- und Korianderpulver
4-5 El Sesamöl
500 ml Pilzfond
50-100 g Zwiebelsprossen
50-100 g Gartenkresse

Zubereitungszeit: ca. 35 Minuten
572 kcal/2404 kJ

1 Den Reis nach Packungsanweisung garen. Die Pilze putzen, waschen und trocknen. Die Stiele herausdrehen und die Lamellen vorsichtig herausschneiden. Das ausgelöste Pilzfleisch fein hacken.

2 Die Zwiebeln schälen und fein würfeln. Den Schinken ebenfalls in feine Würfel schneiden. Das gehackte Pilzfleisch mit den Zwiebel- und Schinkenwürfeln und dem Tomato al gusto mischen. Das Ganze mit Salz, Pfeffer, Piment- und Korianderpulver kräftig abschmecken.

3 Das Öl im Wok erhitzen und die Gemüsemischung darin unter Rühren ca. 3-4 Minuten braten. Den Reis dazugeben, unterrühren und alles in die Pilze füllen.

4 Den Wok säubern, den Pilzfond hineingeben und zum Kochen bringen. Die Pilzköpfe in ein Dampfkörbchen geben und dieses in den Wok setzen. Die Pilze zugedeckt bei milder Hitze ca. 10-15 Minuten dämpfen. Die Zwiebelsprossen und die Gartenkresse waschen und gut trocknen. Die gefüllten Pilze auf Tellern anrichten und mit den Zwiebelsprossen und der Kresse bestreut servieren.

Piment

Geschmacklich erinnert Piment an Nelken und Pfeffer, weshalb dieses Gewürz nicht nur Gewürzkorn genannt wird, sondern auch Nelkenpfeffer. Die Beeren werden entweder im Ganzen mitgegart oder kurz vor der Verwendung zerrieben oder gemahlen.

NUDELPFANNE „SAIGON"

Für 4 Portionen

250 g Reisnudeln
2-3 weiße Zwiebeln
4 Knoblauchzehen
2 El eingelegter Ingwer (FP)
2 El gehacktes Zitronengras
2-3 El Chiliöl
250 ml Hühnerfond
3-4 El Chilisauce
2 El Sojasauce
2 El Nuoc Nam (vietnamesische Fischsauce)
2 El brauner Zucker
1 Bund Basilikum
1-2 El Stärkepulver

Zubereitungszeit: ca. 20 Minuten
377 kcal/1586 kJ

Fischsauce

Wenn die dünne Sauce aus gesalzenen, fermentierten Fischen nicht zu bekommen ist, kann sie durch chinesische Austernsauce ersetzt werden. Diese etwas teurere Sorte ist weniger gesalzen und hat mehr Aroma.

1 Die Reisnudeln nach Packungsanweisung kochen. Die Zwiebeln und die Knoblauchzehen schälen und fein hacken. Den Ingwer in ein Sieb geben und gut abtropfen lassen. Anschließend ebenfalls fein hacken. Zwiebeln, Knoblauch, Ingwer und Zitronengras in dem Chiliöl im Wok unter Rühren 2-3 Minuten braten.

2 Hühnerfond, Chilisauce, Sojasauce, Fischsauce und Zucker dazugeben. Bei milder Hitze ca. 2-3 Minuten köcheln.

3 Das Basilikum waschen, trocknen und in feine Streifen schneiden. Zu der Sauce geben und 1-2 Minuten garen. Das Stärkepulver mit kaltem Wasser glatt rühren und die Sauce damit andicken.

4 Die Nudeln auf Teller verteilen, mit der Sauce anrichten und servieren.

Reis-Kichererbsen-Pilaw

■ **Für 4 Portionen**

3-4 El Sesamöl
100 g Rundkornreis
Kreuzkümmel-, Zimt-, Nelken- und Pimentpulver
Salz
Pfeffer
500 ml Lammfond
125 ml heller Portwein
350 g Kichererbsen aus der Dose
1/2 Bund Koriandergrün

Zubereitungszeit: ca. 35 Minuten
413 kcal/1735 kJ

Kichererbsen
In Indien, einigen Mittelmeerländern und in Mexiko sind die Kichererbsen mit ihrem nussigen Geschmack ein Grundnahrungsmittel, das auch zu Mehl verarbeitet wird. Wenn man Kichererbsen mit wenig Öl in der Pfanne röstet, werden sie knackig-knusprig wie Nüsse.

1 Das Sesamöl im Wok erhitzen und den Rundkornreis darin unter Rühren ca. 3-4 Minuten hellbraun und glasig braten.

2 Mit den Gewürzen kräftig würzen und mit Lammfond und Portwein ablöschen. Bei milder Hitze zugedeckt ca. 15-20 Minuten garen, bis die Flüssigkeit aufgesogen ist. Die Kichererbsen in ein Sieb geben und gut abtropfen lassen.

3 Unter den Reis heben und ca. 2-3 Minuten erwärmen. Das Koriandergrün waschen, trocknen, die Blättchen abzupfen und fein hacken. Den Reis auf Tellern anrichten und mit den Korianderblättern bestreut servieren.

SCHARF: GEFLÜGEL

Die international bekannte Peking-Ente ist wohl der Inbegriff der asiatischen Geflügelküche. Hier zeigen wir Ihnen, dass Asiens Küchen weitaus mehr zu bieten haben. Probieren Sie unsere Wok-Rezepte mit Hähnchen, Pute, Ente, Perlhuhn, Gans oder Fasan, gebacken, geschmort oder mit Joghurt und Gewürzpasten mariniert.

HÄHNCHEN IN INGWERWEIN

Für 4 Portionen

400 g Hähnchenbrustfilet
1 Stück frischer Ingwer (3 cm)
3 Knoblauchzehen
3-4 El Sesamöl
Salz
Pfeffer
Ingwer- und Korianderpulver
3 El Gewürz-Ketchup
4 cl trockener Sherry
2 cl Pflaumenschnaps
1/2 Bund Koriandergrün
Tabasco

Zubereitungszeit: ca. 20 Minuten
397 kcal/1668 kJ

Ingwer

Das wichtigste Gewürz der asiatischen Küche entfaltet sein bestes Aroma, wenn die Wurzel frisch gerieben wird. Achten Sie beim Kauf darauf, dass die Wurzel schön prall und glänzend ist und beim Darüberstreichen mit dem Fingernagel ein knarrendes Geräusch macht.

1 Das Hähnchenbrustfilet waschen, trocknen und in feine Streifen schneiden. Den Ingwer schälen und fein reiben. Die Knoblauchzehen schälen und in feine Würfel schneiden.

2 Das Öl im Wok erhitzen und die Fleischstreifen mit dem Ingwer und den Knoblauchwürfeln unter Rühren ca. 5-6 Minuten anbraten. Mit Salz, Pfeffer, Ingwer- und Korianderpulver würzen.

3 Ketchup, Sherry und Pflaumenschnaps in den Wok geben und weitere 3-5 Minuten bei milder Hitze garen. Den Koriander waschen, trocknen und die Blättchen abzupfen.

4 Das Hähnchen mit Tabasco verfeinern und mit Koriander garniert servieren. Dazu passt Krupuk.

PUTENRAGOUT MIT KOKOS

Für 4 Portionen

600 g Putenbrustfilet
1 rote Paprikaschote
250 g Frühlingszwiebeln
1 Bund Basilikum
400 ml ungesüßte Kokosmilch
1 El rote Currypaste
2 El Sojasauce
1 El Zucker

Zubereitungszeit: ca. 20 Minuten
290 kcal/1221 kJ

1 Das Putenbrustfilet waschen, trocknen und in Streifen schneiden. Die Paprikaschote waschen, halbieren, entkernen und in Streifen schneiden.

2 Die Frühlingszwiebeln putzen, waschen und in 5 cm lange Stücke schneiden. Das Basilikum waschen und trocknen. Die Blätter von den Stielen zupfen und davon die Hälfte fein hacken. Die restlichen Blätter zur Dekoration beiseite legen.

3 Die Kokosmilch im Wok aufkochen, das Fleisch und die Currypaste unterrühren und alles ca. 1 Minute köcheln lassen. Dabei ab und zu umrühren.

4 Das vorbereitete Gemüse dazugeben und weitere 3 Minuten köcheln lassen. Gehacktes Basilikum, Sojasauce und Zucker dazugeben und abschmecken.

5 Das Putenragout auf Tellern anrichten und mit den restlichen Basilikumblättern garniert servieren.

Currypaste

Currypasten – rot, gelb und grün – sind aus der südostasiatischen Küche nicht mehr wegzudenken. Besonders in Thailand basieren die meisten Gerichte auf dieser Mischung aus Chilis, Knoblauch, Zwiebeln, Sojaöl und Garnelenpaste. Während die rote zu rotem Gemüse und Fleisch passt, verwendet man die grüne Paste für grünes Gemüse und die gelbe für Fisch und Geflügel.

WÜRZIGE DRUMSTICKS

Für 4 Portionen

12-14 Drumsticks, vorgegart
1/2 Tl Salz
1 Tl Fünf-Gewürz-Pulver
2 El helle Sojasauce
1 Tl dunkle Sojasauce
2 Tl Reiswein
2 El Sesamöl
3 Frühlingszwiebeln
1 Stück frischer Ingwer (3 cm)
2 Eier
100 g Cornflakes
1 El Maisstärke
Erdnussöl zum Frittieren
Hoisin-Sauce (FP) zum Anrichten

Zubereitungszeit: ca. 35 Minuten
990 kcal/4158 kJ

Frühlingszwiebeln

Der milde und frische Geschmack der Frühlingszwiebeln wird auch in der asiatischen Küche besonders geschätzt. Ihre Verwendungsmöglichkeiten sind vielfältig: sowohl roh im Salat als auch – nach kurzer Garzeit – als Gemüse oder Beilage zu Geflügel.

1 Die Drumsticks waschen, trocknen und an mehreren Stellen mit einem spitzen Messer kurz anstechen.

2 Salz mit dem Fünf-Gewürz-Pulver, den Sojasaucen, dem Reiswein und dem Öl mischen. Die Frühlingszwiebeln putzen, waschen und fein hacken. Den Ingwer schälen und fein reiben.

3 Frühlingszwiebeln und Ingwer zu der Marinade geben. Die Drumsticks damit einreiben und ca. 20 Minuten marinieren.

4 Die Eier verquirlen. Die Cornflakes zerbröseln. Die Drumsticks mit Küchenpapier abtupfen und in den Eiern wenden. Mit Maisstärke bestreuen und in den Cornflakes wenden.

5 Das Öl im Wok erhitzen und die Drumsticks darin ca. 3-5 Minuten frittieren. Mit Hoisin-Sauce anrichten und servieren.

PERLHUHN MIT BROKKOLI

Für 4 Portionen

400 g Perlhuhnbrust ohne Haut und Knochen
3-4 El Erdnussöl
200 g Mungobohnen-sprossen
200 g Brokkoli (TK)
Salz
Pfeffer
Frisch geriebene Muskatnuss
Kreuzkümmelpulver
1-2 El Hühnerfond
1 Tl Maisstärke
1 El Sesamsamen, geschält

Zubereitungszeit: ca. 20 Minuten
339 kcal/1423 kJ

1 Die Perlhuhnbrust waschen, trocknen und in kleine Würfel schneiden. Das Öl im Wok erhitzen und die Fleischwürfel darin ca. 4-5 Minuten pfannenrühren. Herausnehmen und warm stellen.

2 Die Sprossen waschen, in ein Sieb geben und gut abtropfen lassen. Zusammen mit dem Brokkoli im verbliebenen Bratfett ca. 3-5 Minuten braten. Mit Salz, Pfeffer, Muskat und Kreuzkümmelpulver würzen und das Fleisch wieder dazugeben.

3 Den Hühnerfond mit der Maisstärke verrühren und in die Fleischpfanne rühren. Die Sesamsamen in einer Pfanne ohne Fett rösten.

4 Das Perlhuhn mit Brokkoli und Sprossen anrichten und mit Sesamsamen bestreut servieren.

Brokkoli

Der Vorfahre des Blumenkohls mit seinem typisch nussigen Geschmack ist sogar gesünder als dieser: Brokkoli enthält weitaus mehr Karotin und ungefähr doppelt so viel Vitamin C, Eisen und Kalium. Achten Sie beim Einkauf darauf, dass der Brokkoli frisch ist und keine welken Blätter hat.

KNUSPRIGE ENTE MIT ANANAS

■ **Für 4 Portionen**

180-200 g Vollkornmehl
1 El Walnussöl
4-5 El Milch
2-3 Eier
Salz
125 ml Portwein
100 g Kokosraspel
2 Babyananas
800 g Entenbrustfilet
Erdnussöl zum Frittieren
150 g Mandarinen aus der Dose
150 g süß-sauer eingelegter Ingwer (FP)
2-3 El Ketchup
Koriander-, Nelken- und Anispulver
Cayennepfeffer
150 g Mayonnaise
100 g Joghurt
1 kleiner Apfel
1 Banane
2 El Currypulver
1 El gehackte Mandeln
1 El Ahornsirup
1/2 Bund Zitronenmelisse
1 unbehandelte Zitrone

Zubereitungszeit: ca. 30 Minuten
1394 kcal/5869 kJ

1 Das Mehl mit dem Öl, der Milch, den Eiern, Salz, dem Portwein und den Kokosraspeln zu einem glatten Teig verrühren. Die Babyananas schälen, vierteln und den Strunk entfernen.

2 Das Entenfilet waschen, trocknen und in Würfel schneiden. Ausreichend Erdnussöl im Wok erhitzen. Die Fleischwürfel und die Ananasviertel durch den Teig ziehen und portionsweise ca. 6-8 Minuten ausbacken. Herausnehmen, auf Küchenpapier abtropfen lassen und warm halten.

3 Für den roten Dip die Mandarinen und den Ingwer auf ein Sieb geben und gut abtropfen lassen. Zusammen mit Ketchup, Koriander-, Nelken- und Anispulver und Cayennepfeffer mit dem Schneidstab des Handrührgerätes pürieren.

4 Für den gelben Dip die Mayonnaise mit dem Joghurt glatt rühren. Den Apfel und die Banane schälen und in feine Würfel schneiden. Zusammen mit dem Currypulver, den Mandeln und dem Ahornsirup unter die Joghurt-Mayonnaise rühren. Mit Salz abschmecken.

5 Die Zitronenmelisse waschen, trocknen und die Blättchen abzupfen. Die Zitrone waschen und in Scheiben schneiden. Die beiden Dips zusammen mit den Fleisch- und Ananaswürfeln anrichten. Mit Zitronenscheiben und Zitronenmelisse garniert servieren.

MINI-GEFLÜGEL-ROULADEN

Für 4 Portionen

300 g Putenschnitzel
200 g Surimi (Krebsfleischimitat)
3 Scheiben gekochter Schinken
1/2 Bund Koriandergrün
1-2 El scharfer Senf
3-4 El Erdnussöl
Salz
Cayennepfeffer
Pimentpulver
125 ml Asiafond (FP)
3 Frühlingszwiebeln
2-3 El Mirin (süßer Reiswein)
2-3 El helle Sojasauce
1 Tl Maisstärke

Zubereitungszeit: ca. 20 Minuten
257 kcal/1082 kJ

1 Die Putenschnitzel waschen, trocknen, halbieren und das Fleisch klopfen, bis es schön dünn ist. Das Surimi und den gekochten Schinken fein hacken.

2 Das Koriandergrün waschen, trocknen und ebenfalls fein hacken. Anschließend mit dem Surimi und dem Schinken mischen.

3 Die Fleischscheiben mit Senf bestreichen und die Krebsmasse darauf streichen. Zusammenrollen und mit Hölzchen feststecken.

4 Das Öl im Wok erhitzen und die Rouladen darin von allen Seiten anbraten. Mit Salz, Cayennepfeffer und Pimentpulver würzen und den Fond angießen. Alles ca. 6-7 Minuten bei milder Hitze schmoren.

5 Die Frühlingszwiebeln putzen, waschen und in feine Ringe schneiden. Zusammen mit dem Mirin dazugeben und weitere 3-4 Minuten garen.

6 Die Sojasauce mit der Maisstärke verrühren und unter Rühren dazugeben. Die Rouladen mit der Sauce anrichten und servieren. Dazu passen Mie-Nudeln.

Surimi

Surimi ist eine künstlich mit Krebsfleischgeschmack aromatisierte Fisch-Eiweiß-Paste aus Japan. In Form von Stäbchen, Stückchen, Hummerschwänzen, Krabbenscheren u. Ä. findet man sie als *crabmeat* im Handel. Das „Krebsfleisch" ist zu empfehlen, da es qualitativ gleichwertig, aber wesentlich preiswerter als das Fleisch der echten Krustentiere ist.

PIKANTE HÄHNCHENKEULEN

Für 4 Portionen

4 Hähnchenkeulen (à 200 g)
200 g Riesenchampignons
100 g Fenchel
100 g Zuckerschoten
100 g Pastinaken
Salz
Pfeffer
Paprikapulver
Senfpulver
2-3 El Erdnuss- oder Sesamöl

Zubereitungszeit: ca. 30 Minuten
625 kcal/2625 kJ

Bambuskörbe
Die chinesischen Dämpfgefäße gibt es in Asia-Shops. Vor Gebrauch sollten sie stets gut gewässert werden. Der mit den Zutaten gefüllte Korb wird dann zum kochenden Wasser oder Fond in den Wok gesetzt. Jedoch darf nur so viel Flüssigkeit im Wok sein, dass der Korbboden nicht nass wird. Den Korb mit einem Deckel oder einem Küchentuch gut schließen.

1 Die Hähnchenkeulen waschen, trocknen und die Haut kreuzweise einritzen. Die Pilze putzen und in Scheiben schneiden.

2 Den Fenchel putzen, waschen und in Scheiben schneiden. Das Grün zum Garnieren beiseite legen.

3 Von den Zuckerschoten die Spitzen abschneiden und waschen. Die Pastinaken schälen und in Scheiben schneiden.

4 Die Hähnchenkeulen kräftig mit den Gewürzen einreiben und in dem Öl von allen Seiten anbraten.

5 Das Gemüse in einen Bambuskorb legen. Die Hähnchenkeulen darauf geben und alles im Wok 15-20 Minuten dämpfen.

6 Die Hähnchenkeulen mit dem Gemüse anrichten und mit Fenchelgrün garniert servieren.

Fasanenbrust mit Okras

Für 4 Portionen

400 g Fasanenbrust ohne Knochen

Salz

Cayennepfeffer

Kreuzkümmel- und Korianderpulver

Paprikapulver

4-5 El Sesamöl

300 g Okraschoten aus der Dose

2 Schalotten

2 Knoblauchzehen

1 Stück frischer Ingwer (2-3 cm)

200 g Tomatenwürfel aus der Dose

250 ml ungesüßte Kokosmilch

1/2 Bund Koriandergrün

Zubereitungszeit: ca. 25 Minuten
538 kcal/2259 kJ

1 Die Fasanenbrust waschen, trocknen und in dünne Scheiben schneiden. Die Fleischscheiben mit den Gewürzen einreiben.

2 Das Öl im Wok erhitzen und die Fleischscheiben darin portionsweise kräftig anbraten. Herausnehmen und warm stellen.

3 Die Okraschoten in ein Sieb geben und gut abtropfen lassen. Danach in Ringe schneiden. Schalotten, Knoblauchzehen und Ingwer schälen und fein hacken.

4 Das Gemüse in dem verbliebenen Bratfett unter Rühren ca. 3-4 Minuten braten.

5 Das Fleisch, die Tomatenwürfel und die Kokosmilch dazugeben und alles weitere 3-4 Minuten bei milder Hitze schmoren lassen. Herausnehmen, anrichten und mit Koriandergrün bestreut servieren.

Okraschoten

Die länglichen, mild herbwürzigen Okras sind die unreifen Früchte der Rosenpappel. Sie lassen sich vielseitig zubereiten und eignen sich roh als Salat, gegart als Beilage oder eingelegt als Vorspeise.

GESCHMORTE PUTENKEULE

Für 4 Portionen

1 kg Putenkeule
4 El Tandoori-Paste
1 Bund Frühlingszwiebeln
2-3 El Erdnussöl
250 ml Geflügelfond
200 ml Kokosmilch
4 El Sojasauce
400 g Chinesische Gemüsepfanne (TK)
2 geröstete Noriblätter (FP)

Zubereitungszeit: ca. 50 Minuten
570 kcal/2394 kJ

1 Das Fleisch waschen, trocknen und in Würfel schneiden. Mit der Tandoori-Paste bestreichen und ca. 20 Minuten ziehen lassen.

2 Die Frühlingszwiebeln putzen, waschen, trocknen und in feine Ringe schneiden.

3 Das Öl im Wok erhitzen und das Fleisch darin von allen Seiten ca. 6-7 Minuten braten.

4 Den Geflügelfond und die Kokosmilch angießen und alles ca. 20-25 Minuten schmoren. Eventuell etwas Sojasauce angießen.

5 10 Minuten vor Ende der Garzeit das Gemüse und die Frühlingszwiebeln dazugeben und mitschmoren. Das Fleisch mit der Sauce und dem Gemüse auf Tellern anrichten. Die Noriblätter zerbröseln und darüber streuen. Dazu buntes Krupuk servieren.

Noriblätter
Getrockneter Seetang in Form von gepressten und getrockneten Noriblättern ist die japanische Art zu würzen. Bekannt ist das Meeresgemüse vor allem als Hülle für Sushi. Zerbröselt wird es aber auch als Würzmittel für Reis-, Nudel- und Geflügelgerichte verwendet.

PERLHUHN-HÄPPCHEN

Für 4 Portionen

600 g Perlhuhnbrustfilet
3-4 El Zitronenpfeffer
150 g Kichererbsenmehl
2-3 Tl Öl
1 Tl gemahlener Kreuzkümmel
1/4 Tl gemahlener Koriander
1/4 Tl Cayennepfeffer
Salz
Erdnussöl zum Frittieren
1 Bund Minze
1 Bund Zitronenmelisse
200 g Joghurt
2 El Creme double
Piment-, Knoblauch- und Senfpulver
Pfeffer
1/2 Kopf Lollo Rosso

Zubereitungszeit: ca. 30 Minuten
716 kcal/3010 kJ

1 Das Fleisch waschen, trocknen und in dünne Streifen schneiden. Die Fleischstreifen mit Zitronenpfeffer würzen und ca. 10-15 Minuten durchziehen lassen.

2 Das Mehl mit dem Öl, den Gewürzen und 50 ml Wasser verrühren. Ausreichend Erdnussöl im Wok erhitzen. Die Fleischstreifen portionsweise durch den Teig ziehen und im heißen Erdnussöl goldbraun ausbacken.

3 Die Kräuter waschen, trocknen und fein hacken. Den Joghurt mit der Creme double glatt rühren.

4 Die Kräuter unterheben und mit Piment-, Knoblauch- und Senfpulver, Salz und Pfeffer abschmecken.

5 Den Salat waschen, trocknen und eine große Platte mit den Salatblättern auslegen. Den Joghurt-Dip in ein Schälchen geben und in die Mitte der Platte setzen. Die Fleischstreifen drum herum verteilen und servieren.

Zitronenmelisse

Zitronenmelisse ist ein frisch nach Zitrone duftendes und schmeckendes Küchenkraut. Es würzt Saucen, Salate, Geflügel, Gemüse und Fisch und verleiht den Speisen einen orientalischen Touch. Zitronenmelisse sollte nicht mitgekocht werden.

THAI-GEFLÜGEL-CURRY

Für 4 Portionen

400 g Putenbrust ohne Haut und Knochen
100 g Champignons
100 g Bambussprossen aus der Dose
1 Bund Frühlingszwiebeln
3-4 El Sesamöl
100 g Erbsen (TK)
1 El rote Currypaste
2 El Fischsauce
1-2 El Sojasauce
1 El Zitronensaft
250 ml ungesüßte Kokosmilch
1/2 Bund Koriandergrün
Koriander-, Knoblauch- und Ingwerpulver

Zubereitungszeit: ca. 20 Minuten
213 kcal/897 kJ

Kokosmilch
Das etwas süßliche Gemisch aus warmem Wasser oder Milch und fein geriebenem Kokosfleisch eignet sich besonders gut zum Verfeinern von Saucen, Fleisch und Geflügelgerichten.

1 Die Putenbrust waschen, trocknen und in feine Würfel schneiden. Die Champignons putzen und klein schneiden.

2 Die Bambussprossen in ein Sieb geben und gut abtropfen lassen. Die Frühlingszwiebeln putzen, waschen und in feine Ringe schneiden.

3 Das Öl im Wok erhitzen und die Fleischwürfel darin 3-4 Minuten anbraten. Das Gemüse zusammen mit den Erbsen dazugeben und 1-2 Minuten braten.

4 Die Currypaste mit der Fischsauce, der Sojasauce, dem Zitronensaft und der Kokosmilch verrühren. Dazugeben und alles 2-3 Minuten bei milder Hitze garen. Das Koriandergrün waschen, trocknen und die Blättchen fein hacken.

5 Das Curry mit Koriander-, Knoblauch- und Ingwerpulver kräftig abschmecken, auf Tellern anrichten und mit Koriandergrün bestreut servieren.

SCHARFE ENTENSUPPE

■ **Für 4 Portionen**

400 g Entenkeulen oder Reste vom Entenbraten

1-2 El Erdnussöl

3 rote Chilischoten

3 Knoblauchzehen

3 Schalotten

3 El Fischsauce

100 g Austernpilze

2-3 El Chilisauce

500 ml Kokosmilch

500 ml Entenfond (FP)

1/2 Bund Thai-Basilikum

Zubereitungszeit: ca. 25 Minuten
553 kcal/2325 kJ

1 Von den Entenkeulen die Haut und die Knochen entfernen und das Fleisch klein schneiden.

2 Das Öl im Wok erhitzen und das Fleisch darin portionsweise scharf anbraten. Herausnehmen und warm stellen.

3 Die Chilischoten halbieren, entkernen die Schoten unter fließendem kalten Wasser waschen und in Streifen schneiden.

4 Die Knoblauchzehen und die Schalotten schälen und in Scheiben schneiden.

5 Die Chilischoten und die Knoblauch- und Schalottenscheiben mit der Fischsauce verrühren und in dem verbliebenen Bratfett 3-4 Minuten pfannenrühren.

6 Die Austernpilze putzen, fein schneiden und dazugeben. Chilisauce, Kokosmilch und Entenfond angießen und das Fleisch hineingeben. Alles bei milder Hitze ca. 6-7 Minuten garen.

7 Das Basilikum waschen, trocknen und in feine Streifen schneiden. Dazugeben und ca. 2 Minuten mitkochen. Die Suppe anrichten und servieren.

Thai-Basilikum

Thai-Basilikum hat mit dem uns bekannten Basilikum eigentlich kaum etwas gemeinsam. Die festeren Blätter des Thai-Basilikums schmecken herb und erinnern an Anis.

Gänsebrust mit Kichererbsen

■ **Für 4 Portionen**

300 g Kichererbsen aus der Dose
200 g Alfalfasprossen
1 Bund Frühlingszwiebeln
100 g Mais aus der Dose
3-4 El Chiliöl
1/2 Bund Bohnenkraut
125 ml Malzbier
Koriander-, Nelken- und Senfpulver
400 g geräucherte Gänsebrust

Zubereitungszeit: ca. 20 Minuten
459 kcal/1930 kJ

1 Die Erbsen in ein Sieb geben und gut abtropfen lassen. Die Alfalfasprossen waschen und trocknen.

2 Die Frühlingszwiebeln putzen, waschen und in feine Röllchen schneiden. Die Maiskörner auf ein Sieb geben und gut abtropfen lassen.

3 Das Öl im Wok erhitzen und das Gemüse darin portionsweise 4-5 Minuten pfannenrühren.

4 Das Bohnenkraut waschen, trocknen und die Blättchen abzupfen. Zusammen mit dem Malzbier zu den Kichererbsen geben und alles bei milder Hitze ca. 4-5 Minuten garen.

5 Das Gemüse mit Koriander-, Nelken- und Senfpulver abschmecken. Die Gänsebrust in dünne Scheiben schneiden und zusammen mit dem Kichererbsengemüse und den Alfalfasprossen anrichten und servieren.

Alfalfasprossen
Alfalfasprossen sind die feinen Keime der Luzerne. Frisch haben sie einen leicht herben, an Kresse erinnernden Geschmack mit nussiger Note. Die „Königin der Sprossen" ist zudem reich an Spurenelementen, Mineralstoffen, Vitamin C und pflanzlichem Eiweiß.

FRÜHLINGSROLLEN

Für 4 Portionen

200 g Hähnchenbrustfilet
100 g Bohnensprossen
100 g Chinakohl
100 g gekochter Schinken
100 g Champignons aus der Dose
Salz
Pfeffer
Koriander-, Ingwer- und Knoblauchpulver
2-3 El Sojasauce
4-5 El Erdnussöl
12-15 Frühlingsrollenhüllen oder Reisteigblätter
1 Eiweiß
Öl zum Frittieren
Hoisin-Sauce (FP) und süß-saure Sauce (FP) zum Anrichten

Zubereitungszeit: ca. 35 Minuten
402 kcal/1691 kJ

1 Das Hähnchenbrustfilet waschen, trocknen und fein hacken. Die Bohnensprossen waschen und gut abtropfen lassen.

2 Den Chinakohl putzen, waschen und in feine Streifen schneiden. Den Schinken fein würfeln. Die Champignons in ein Sieb geben und gut abtropfen lassen. Alles zusammen mit den Gewürzen und der Sojasauce mischen.

3 Das Öl im Wok erhitzen und die Zutaten darin 4-5 Minuten pfannenrühren.

4 Die Hüllen oder Blätter auf einer Arbeitsfläche ausbreiten. Jeweils etwas Füllung in die Mitte einer Hülle setzen. Die Päckchen dann nach Packungsanweisung zusammenfalten.

5 Ausreichend Öl im Wok erhitzen und die Röllchen goldbraun ausbacken. Auf Küchenpapier abtropfen lassen und mit Hoisin- und süß-saurer Sauce servieren.

Teighüllen

Im Asia-Shop oder im gut sortierten Fachhandel werden die porigen Nudelteigplatten für Frühlingsrollen fast immer fertig angeboten. Sie können ohne Vorbereitung weiterverarbeitet werden. Transparentes Reispapier, das man auch verwenden kann, muss vor Gebrauch eingeweicht werden.

HÄHNCHENFILET MIT TOFU

Für 4 Portionen

300 g Hähnchenbrustfilet
2 Schalotten
100 g eingelegter Kürbis
100 g Maiskölbchen aus der Dose
100 g eingelegter Sellerie
2-3 El Sesamöl
3-4 El Hoisin-Sauce (FP)
3-4 El Reiswein
100 g Tofu
Fünf-Gewürz-Pulver

Zubereitungszeit: ca. 40 Minuten
324 kcal/1363 kJ

Kürbis

Eingelegt oder frisch, Kürbis ist eine interessante Gemüseart mit der sich fein kochen lässt. Ob Moschus-, Spaghetti-, Garten- oder Melonenkürbis – das appetitliche gelbe bis orangefarbene Fleisch harmoniert wegen seines geringen Eigengeschmacks vorzüglich mit orientalischen und asiatischen Gewürzen.

1 Das Hähnchenbrustfilet waschen, trocknen und in feine Streifen schneiden. Die Schalotten schälen und fein würfeln.

2 Kürbis, Maiskölbchen und Sellerie in ein Sieb geben und gut abtropfen lassen. Alles in feine Streifen schneiden. Die Fleischstreifen mit dem Gemüse mischen.

3 Das Öl mit der Hoisin-Sauce und dem Reiswein verrühren, über die Fleisch-Gemüse-Mischung geben und ca. 15 Minuten marinieren lassen. Anschließend im Wok mit der Marinade 8-10 Minuten schmoren.

4 Den Tofu würfeln und vorsichtig unterheben. Alles mit dem Fünf-Gewürz-Pulver kräftig abschmecken und in Schälchen servieren.

GEFLÜGELPÄCKCHEN

Für 4 Portionen

3 Schalotten
2-3 Stängel Majoran
200 g Geflügelleber
300 g Wildentenbrust, ohne Haut und Knochen
2 El Reiswein
2 El Sojasauce
100 g Rosinen
1 Tl Zitronenpfeffer
Je 1/2 Tl Nelken-, Anis- und Ingwerpulver
3-4 El Sesamöl
8-10 kleine Wirsingblätter
500 ml Geflügelfond (FP)
250 ml Portwein
5 El Hühnerbrühe (FP)
100 ml Mangosaft
4 El Tomatenketchup
1 Tl Chiliöl
Salz
1 Tl Zucker
1 El Maisstärke

Zubereitungszeit: ca. 45 Minuten
481 kcal/2020 kJ

1 Die Schalotten schälen und fein würfeln. Den Majoran waschen, trocknen und die Blättchen von den Stielen zupfen.

2 Die Geflügelleber und die Wildentenbrust waschen, trocknen und in feine Würfel schneiden.

3 Den Reiswein mit der Sojasauce, den Rosinen, dem Zitronenpfeffer und den Gewürzen mischen. Die Schalottenwürfel zusammen mit den Majoranblättchen und den Fleischwürfeln in die Marinade geben und ca. 10-15 Minuten ziehen lassen.

4 Das Öl im Wok erhitzen und die Mischung darin unter Rühren ca. 3-5 Minuten anbraten. Herausnehmen und leicht abkühlen lassen.

5 Die Wirsingblätter putzen, waschen, kurz in kochendem Wasser blanchieren, mit kaltem Wasser abschrecken, gut abtropfen lassen und auf einer Arbeitsfläche ausbreiten.

6 Die Fleisch-Gemüse-Mischung auf die Blätter verteilen und diese zu kleinen Päckchen zusammenfalten. Mit Küchengarn umwickeln und in einen Bambuskorb legen.

7 Den Geflügelfond mit dem Portwein mischen und im Wok zum Kochen bringen. Den Bambuskorb einsetzen und die Wirsingpäckchen hineinlegen. Im Dampf ca. 10-15 Minuten garen.

8 In der Zwischenzeit die Hühnerbrühe mit Mangosaft, Ketchup, Öl, Salz, Zucker und Maisstärke verrühren. Die Mischung unter Rühren zum Kochen bringen. Die Geflügelpäckchen mit der Sauce anrichten und servieren.

ROMANO-HERZEN

Für 4 Portionen

400 g Putenfilet
10 Salbeiblättchen
4 El geröstete Erdnüsse
3-4 El Erdnussöl
1/2-1 El scharfe Bohnenpaste
3-4 Mini-Romana
100 g eingelegte Perlzwiebeln
250 ml Asiafond (FP)
100 g Glasnudeln

Zubereitungszeit: ca. 20 Minuten
351 kcal/1475 kJ

1 Das Putenfilet waschen, trocknen und in feine Streifen schneiden. Die Salbeiblättchen waschen, trocknen und fein hacken. Die Erdnüsse ebenfalls klein hacken.

2 Das Öl im Wok erhitzen und die vorbereiteten Zutaten darin ca. 3-4 Minuten unter Rühren braten. Die Bohnenpaste dazugeben und 1 Minute unter Rühren erhitzen.

3 Die Salatköpfe waschen, trocknen und vierteln. Die Perlzwiebeln in ein Sieb geben und gut abtropfen lassen.

4 Die Perlzwiebeln mit in den Wok geben und 1-2 Minuten durchrühren. Den Fond zum Kochen bringen, über die Nudeln gießen und ca. 1-2 Minuten ruhen lassen.

5 Nudeln und Asiafond ebenso in den Wok geben und weitere1-2 Minuten garen. Salatherzen auf Teller legen und alles darüber verteilen.

Glasnudeln

Glasnudeln sind fast durchsichtige Nudeln aus Mungobohnenmehl. Sie werden nicht gekocht, sondern nur in Wasser eingeweicht und mit heißer Flüssigkeit überbrüht. Ihre geleeartige Konsistenz macht sie zu einer idealen Suppeneinlage. Frittiert werden daraus federleichte, knusprige Gebilde.

Entenkeulen auf Gemüse

■ **Für 4 Portionen**

4 Entenkeulen
Salz
Pfeffer
100 g Suppengrün (TK)
500 ml Asiafond (FP)
2-4 EL Sesamöl
2 El Sojasauce
400 g Vital-Gemüse (TK)
Pflaumensauce (FP)

Zubereitungszeit: ca. 30 Minuten
442 kcal/1858 kJ

1 Die Entenkeulen waschen und trocknen. Die Keulen mit Salz und Pfeffer einreiben.

2 Das Suppengrün mit dem Asiafond in einen Wok geben und zum Kochen bringen. Die Keulen hineingeben und bei milder Hitze ca. 10 Minuten garen. Herausnehmen und gut abtropfen lassen.

3 Das Öl im Wok erhitzen und die Keulen darin von allen Seiten ca. 4-5 Minuten braten. Die Sojasauce dazugeben und 2-3 Minuten bei milder Hitze schmoren lassen. Herausnehmen und warm stellen.

4 Das Gemüse in den Wok geben und 6-8 Minuten braten. Die Keulen auf dem Gemüse anrichten und mit Pflaumensauce servieren.

Pflaumensauce

Pflaumensauce ist eine pikant-süße Mischung aus pürierten Pflaumen, Zucker, Essig und Knoblauch. Das Mus ist in der chinesischen Küche besonders beliebt zu Entengerichten (Peking-Ente) und passt als Dip zu herzhaften kalten Gerichten. Erhältlich ist die Pflaumensauce im gut sortierten Fachhandel oder im Asia-Shop.

PIKANT: FLEISCH UND WILD

Ganz schön scharf oder auch süß-sauer: Die besondere Zubereitung von Fleisch im Wok verspricht Fleischliebhabern höchste Genüsse. Wild, Schwein oder Rind werden von außen knusprig und kross, bleibt innen aber saftig.

SCHMORSCHULTER

Für 4 Portionen

650 g Schweineschulter
3-4 El Sesamöl
3 El Sherryessig
6 El Sojasauce
4 El Honig
1 El Fünf-Gewürz-Pulver
125-250 ml Kalbsfond (FP)
100 g Suppengrün (TK)
100 g eingelegte Perlzwiebeln
1 Tl Speisestärke
Mango Chutney (FP) zum Anrichten

Zubereitungszeit: ca. 35 Minuten
674 kcal/2830 kJ

Schweineschulter
Die Schulter ist ein herzhaftes und sehr preiswertes Fleischstück. Klein geschnitten kann es schnell und pikant zubereitet werden.

1 Das Fleisch waschen, trocknen und in kleine Stücke schneiden. Das Öl im Wok erhitzen und die Fleischstücke darin 4-5 Minuten anbraten.

2 Den Essig mit der Sojasauce, dem Honig, dem Gewürzpulver und dem Kalbsfond mischen. Alles zusammen mit dem Suppengrün und den Perlzwiebeln zum Fleisch geben und unter Rühren ca. 15-20 Minuten schmoren lassen.

3 Eventuell noch etwas Sojasauce angießen. Das Fleisch herausnehmen und warm stellen. Die Speisestärke mit etwas kaltem Wasser anrühren und den Fond damit andicken.

4 Das Gemüse zusammen mit dem Fleisch und dem Mango Chutney anrichten und servieren.

Reh scharf-sauer

■ **Für 4 Portionen**

600 g Rehgulasch
3-4 El Himbeeressig
4-5 El Rotwein
1 Tl scharfer chinesischer Senf
5-6 El Sesamöl
Salz
Pfeffer
Nelken-, Anis- und Kardamompulver
300 g Rote-Bete-Streifen aus dem Glas
200 g rote Zwiebeln

Zubereitungszeit: ca. 40 Minuten
350 kcal/1473 kJ

1 Das Gulasch eventuell in kleinere Würfel schneiden. Den Essig mit dem Rotwein, dem Senf, dem Öl und den Gewürzen verrühren, über das Fleisch geben und das Fleisch ca. 10-15 Minuten marinieren lassen.

2 Den Wok erhitzen und das Fleisch mit der Marinade darin ca. 10-15 Minuten unter Rühren braten.

3 Die Rote Bete in ein Sieb geben und gut abtropfen lassen. Die Zwiebeln schälen und in Ringe schneiden.

4 Beides 5 Minuten vor Ende der Garzeit zu dem Gulasch geben. Das Gulasch zusammen mit Wildreis anrichten und servieren.

Reh- oder Wildgulasch

Reh- oder Wildgulasch wird ganzjährig in guter Qualität als TK-Produkt angeboten. Auch Wild kann interessant und abwechslungsreich im Wok zubereitet werden.

SCHWEINEFLEISCH ASIA

■ **Für 4 Portionen**

750 g Schweinefilet
50 g Ingwer
4 Knoblauchzehen
3 rote Chilischoten
5 Tomaten
1 Ananas
2 El Sesamöl
2 El Sonnenblumenöl
4 El Reisessig
4 El Sojasauce
4 cl Sherry
2 El Zucker
250 ml Geflügelbrühe
2 Tl Maisstärke

Zubereitungszeit: ca. 30 Minuten
508 kcal/2133 kJ

Ingwer

Um sein intensives, eigentümlich scharfes Aroma optimal zu entfalten, sollte Ingwer immer mitgekocht werden. Neben seiner Verwendung als delikates Gewürz kann die Ingwerwurzel auch kandiert und mit Schokolade überzogen oder zu Ingwer-Pralinen verarbeitet werden.

1 Das Fleisch waschen, trocknen und in gleichmäßige Streifen schneiden. Den Ingwer schälen und in sehr feine Scheiben schneiden. Den Knoblauch schälen und durchpressen.

2 Die Chilischoten waschen, halbieren, entkernen und in Streifen schneiden. Die Tomaten waschen, kreuzweise einschneiden, kurz in siedendes Wasser tauchen, abschrecken und schälen. Anschließend in Würfel schneiden.

3 Die Ananas schälen, den Strunk entfernen und das Fruchtfleisch in Stücke schneiden. Sesam- und Sonnenblumenöl im Wok erhitzen und das Fleisch darin anbraten.

4 Ingwer, Knoblauch und Chilis dazugeben und mitbraten. Die Tomatenwürfel und die Ananasstücke ebenfalls unterrühren und kurz mitbraten.

5 Essig, Sojasauce, Sherry und Zucker dazugeben. Mit 3/4 der Brühe angießen und alles ca. 3 Minuten ziehen lassen.

6 Die Stärke mit der restlichen Brühe verrühren, alles gleichmäßig zum Fleisch geben. Weitere 3 Minuten ziehen lassen. Anschließend alles in Schälchen anrichten und servieren.

FEINE RINDFLEISCHSTREIFEN

■ **Für 4 Portionen**

600 g Rinderhüftfleisch
2-3 El Sojasauce
1 El Chiliöl
1 Tl Zucker
1 El frisch geriebener Ingwer
4 cl Anisschnaps
Zitronenpfeffer
Kreuzkümmel- und Senfpulver
3-4 El Erdnussöl
150 g Strohpilze aus der Dose
100 g Wasserkastanien aus der Dose
2 rote Chilischoten

Zubereitungszeit: ca. 30 Minuten
328 kcal/1379 kJ

1 Das Fleisch waschen, trocknen und in feine Streifen schneiden.

2 Die Sojasauce mit dem Chiliöl, dem Zucker, dem Ingwer, dem Schnaps und den Gewürzen verrühren. Das Fleisch in der Mischung ca. 10-15 Minuten marinieren.

3 Die Hälfte des Erdnussöls im Wok erhitzen und das Fleisch mit der Marinade darin 3-4 Minuten unter Rühren braten. Herausnehmen und warm stellen.

4 Die Pilze und die Kastanien in ein Sieb geben und gut abtropfen lassen. Anschließend halbieren. Die Chilischoten halbieren, entkernen und die Schoten unter fließendem Wasser waschen. In Ringe schneiden.

5 Das restliche Erdnussöl im Wok erhitzen und das Gemüse unter Rühren ca. 2 Minuten braten. Das Fleisch dazugeben und alles zusammen ca. 1-2 Minuten pfannenrühren. Die würzigen Rindfleischstreifen anrichten und servieren. Dazu passen chinesische Nudeln.

Strohpilze

Strohpilze sind chinesische Zuchtpilze in Kugelform mit grau-schwarzem Hut und cremefarbigen Lamellen. Sie haben ein zartes Pilzaroma und eignen sich ideal zum Würzen asiatischer Speisen. Sie werden im Asia-Shop oder im gut sortierten Fachhandel in Dosen angeboten.

SCHARFES CURRY

Für 4 Portionen

600 g ausgelöstes Schweinekotelett
5-6 El Sesamöl
100 g Zwiebel-Knoblauch-Mischung (TK)
125 ml Gemüsefond
1 El Pflaumensauce (FP)
2 El grüne Currypaste
1-2 El Pinienkerne

Zubereitungszeit: ca. 20 Minuten
360 kcal/1513 kJ

Pinienkerne
Pinienkerne sind die essbaren Ölsamen der Pinie. Ihr cremiges Fleisch erinnert im Geschmack an Mandeln. Geröstet werden sie als besondere Würze für Fleisch- und Fischgerichte, Dips und Süßspeisen verwendet.

1 Das Fleisch waschen, trocknen und in feine Würfel schneiden. Das Öl im Wok erhitzen und das Fleisch darin unter Rühren scharf anbraten. Herausnehmen und warm stellen.

2 Die Zwiebel-Knoblauch-Mischung, den Gemüsefond, die Pflaumensauce und die Currypaste in das verbliebene Bratfett geben und bei milder Hitze ca. 2-3 Minuten köcheln lassen.

3 Das Fleisch dazugeben und ca. 6-7 Minuten schmoren lassen. Die Pinienkerne in einer Pfanne ohne Fett rösten. Das Curry anrichten und mit den Pinienkernen bestreut servieren. Dazu passt Basmatireis.

Gefüllte Fleischröllchen

Für 4 Portionen

100 g gekochter Schinken
100 g Zwiebel-Knoblauch-Mischung (TK)
100 g 8-Kräuter-Mischung (TK)
100 g Shiitake-Pilze
100 g Feta-Käse
2-3 El Sesamöl
Salz
Pfeffer
400 g sehr dünne Kalbs- oder Schweineschnitzel
2-3 El Sahne-meerrettich
4-5 El Erdnussöl
250-500 ml Asiafond (FP)
Hoisin-Sauce (FP) zum Anrichten

Zubereitungszeit: ca. 40 Minuten
508 kcal/2136 kJ

1 Den Schinken in feine Würfel schneiden und mit der Zwiebel-Knoblauch- und Kräutermischung vermengen.

2 Die Pilze putzen und in kleine Würfel schneiden. Den Feta zerbröseln und mit dem Sesamöl, den Pilzen und den Schinkenwürfeln mischen. Die Mischung mit Salz und Pfeffer würzen.

3 Die Schnitzel waschen, trocknen und der Länge nach halbieren. Auf einer Arbeitsfläche ausbreiten und dünn mit dem Meerrettich bestreichen.

4 Die Schinkenmischung darauf streichen und die Schnitzel aufrollen. Mit kleinen Holzspießchen befestigen. Das Öl im Wok erhitzen und die Röllchen darin rundherum scharf anbraten.

5 Die Röllchen herausnehmen und den Wok säubern. Den Asiafond in den Wok geben und die Fleischröllchen in einen Bambuskorb legen.

6 Den Korb in den Wok setzen und die Fleischröllchen ca. 15-20 Minuten dämpfen. Die Fleischröllchen mit Hoisin-Sauce anrichten und servieren.

Feta

Feta ist ein Käse aus roher Schafsmilch mit einem Zusatz von Ziegenmilch. Das Besondere: Feta wird in Würfel oder Quader geschnitten und reift ungefähr einen Monat in Salzlake. Deshalb schmeckt er auch leicht säuerlich und salzig.

LAMMBÄLLCHEN MIT BOHNEN

■ **Für 4 Portionen**

100 g Zwiebel-Knoblauch-Mischung (TK)
300 g Lammhackfleisch
Salz
Cayennepfeffer
3-4 El Sesamöl
Je 1 rote und grüne Paprikaschote
200 g Dicke Bohnen (TK)
2-3 El Sojasauce
3 cl Kümmelschnaps
125 ml Lammfond
Etwas Tabasco

Zubereitungszeit: ca. 20 Minuten
349 kcal/1465 kJ

1 Die Zwiebel-Knoblauch-Mischung mit dem Hackfleisch vermengen. Das Fleisch mit Salz und Cayennepfeffer kräftig abschmecken und tischtennisballgroße Bällchen formen.

2 Das Öl im Wok erhitzen und die Bällchen unter Rühren kräftig anbraten. Die Paprikaschoten halbieren, entkernen und die Schoten unter fließendem Wasser waschen.

3 Die Schoten anschließend in kleine Würfel schneiden. Zusammen mit den Dicken Bohnen zum Fleisch geben und kurz mit anbraten.

4 Sojasauce, Schnaps und Lammfond dazugießen und alles bei milder Hitze 10-15 Minuten schmoren lassen. Mit Tabasco pikant abschmecken, in Schälchen anrichten und servieren.

Dicke Bohnen
Die großen nierenförmigen Bohnenkerne stecken voller hochwertiger Eiweiße, Kohlenhydrate und Vitamine. Frisch haben sie eine Einweichzeit von 7 bis 8 Stunden, eine schnellere Zubereitungszeit garantieren Ihnen TK-Produkte.

WILD MIT PFLAUMEN

■ **Für 4 Portionen**

400 g Hirschfilet
4-5 El Sesamöl
150 g Pflaumen aus dem Glas
125 ml Wildfond (FP)
3-4 El Pflaumenmus
3-4 El Altbier
1 El Rotweinessig
Salz
Cayennepfeffer
Ingwer-, Nelken- und Korianderpulver
1/2 Bund Koriandergrün

Zubereitungszeit: ca. 20 Minuten
295 kcal/1241 kJ

1 Das Fleisch waschen, trocknen und in dünne Scheiben schneiden.

2 Das Öl im Wok erhitzen und die Fleischscheiben darin unter Rühren ca. 3-4 Minuten anbraten. Die Pflaumen in ein Sieb geben und gut abtropfen lassen. Zu dem Fleisch geben und alles mit dem Wildfond ablöschen.

3 Das Pflaumenmus, das Altbier und den Essig dazugeben und ca. 6-8 Minuten schmoren lassen. Mit Salz, Cayennepfeffer, Ingwer-, Nelken- und Korianderpulver kräftig abschmecken.

4 Das Koriandergrün waschen, trocknen und fein hacken. Das Fleisch anrichten und mit Koriandergrün bestreut servieren.

Altbier

Dieses leichte Bier mit geringem Alkoholgehalt zeichnet sich durch einen leicht bitteren Geschmack und eine fruchtige Note aus. Wie alle dunklen Biere harmoniert es sehr gut mit Wild.

MARINIERTE FLEISCHWÜRFEL

Für 4 Portionen

600 g Rinderfilet
100 g Joghurt
1/2 Tl Kreuzkümmel
1/2 Tl getrocknetes Zitronengras, gerebelt
1-2 El Korianderpulver
1 Tl Kurkuma
Salz
1/2 Tl Chilipulver
1/2 Tl grober schwarzer Pfeffer
4-5 El Erdnussöl
2 Frühlingszwiebeln
1 Knoblauchzehe
125 ml ungesüßte Kokosmilch
Zimt- und Nelkenpulver

Zubereitungszeit: ca. 35 Minuten
408 kcal/1714 kJ

Kurkuma
Kein Gewürz verleiht Gerichten eine so intensive Farbe wie Kurkuma, auch Gelbwurz genannt. Die knollig verdickte Wurzel eines Ingwergewächses schmeckt mild pfeffrig und ist gut bekömmlich.

1 Das Rinderfilet waschen, trocknen und in kleine Würfel schneiden.

2 Den Joghurt mit Kreuzkümmel, Zitronengras, Korianderpulver, Kurkuma, Chilipulver, Salz und Pfeffer verrühren. Die Fleischwürfel dazugeben und alles ca. 10-15 Minuten marinieren lassen.

3 Das Öl im Wok erhitzen und die Fleischwürfel mit der Marinade darin unter Rühren ca. 3-5 Minuten braten.

4 Die Frühlingszwiebeln putzen und in Ringe schneiden. Die Knoblauchzehe schälen und fein hacken. Beides zum Fleisch geben und mitbraten.

5 Die Kokosmilch angießen und bei milder Hitze weitere 3-5 Minuten schmoren lassen. Das Rindfleisch mit Zimt- und Nelkenpulver abschmecken und servieren.

GEDÄMPFTE KOHLTÄSCHCHEN

Für 4 Portionen

8-10 mittelgroße Wirsingblätter
Salz
1 Bund Petersilie
1 El Kapern
1 Ei
1-2 El gerebelter Oregano
1 Tl Kümmelkörner
Zwiebel- und Knoblauchpulver
400 g Schweinemett
Cayennepfeffer

Zubereitungszeit: ca. 30 Minuten
376 kcal/1581 kJ

1 Die Wirsingblätter putzen und in ausreichend kochendem Salzwasser 1-2 Minuten blanchieren. Herausnehmen, in kaltem Wasser abschrecken und trocknen.

2 Die Petersilie waschen, trocknen und fein hacken. Die Kapern ebenfalls fein hacken. Petersilie, Kapern, Ei, Oregano, Kümmelkörner, Zwiebel- und Knoblauchpulver und das Mett zu einem glatten Fleischteig verkneten. Mit Salz und Pfeffer würzen und auf die Wirsingblätter verteilen.

3 Die Seiten der Blätter einklappen und alles zusammenrollen. DieTäschchen mit kleinen Holzspießen feststecken. Salzwasser im Wok zum Kochen bringen und die Kohltäschchen in den Bambuskorb legen.

4 Den Korb in den Wok setzen und alles ca. 10-15 Minuten dämpfen. Die Kohltäschchen anschließend vorsichtig herausnehmen, anrichten und servieren.

Kümmel

Der intensive Geschmack des Kümmels gibt nicht nur Kohlgerichten eine besondere Note, sondern hilft auch besser zu verdauen. Wer nicht auf die Körnchen beißen möchte, verwendet gemahlenen Kümmel, dessen Würzkraft aber nicht ganz so herzhaft ist wie die des ganzen Korns.

MEDAILLONS MIT AUSTERNPILZEN

■ **Für 4 Portionen**

400 g Schweinefilet
4-5 El Sesamöl
Salz
Pfeffer
400 g Austernpilze
3 Schalotten
200 ml Pilzfond
50 ml trockener Weißwein
1 EL grober Senf
2 El helle Sojasauce
1 Tl Maisstärke
1/2 Bund Koriandergrün

Zubereitungszeit: ca. 25 Minuten
300 kcal/1261 kJ

1 Das Fleisch waschen, trocknen und in dünne Medaillons schneiden.

2 Das Öl im Wok erhitzen und die Medaillons darin von jeder Seite ca. 2-3 Minuten braten. Mit Salz und Pfeffer würzen, herausnehmen und warm stellen.

3 Die Pilze putzen und klein schneiden. Die Schalotten schälen und in feine Würfel schneiden. Schalottenwürfel und Pilze in den Wok geben und ca. 2-3 Minuten braten.

4 Den Pilzfond mit dem Wein, dem Senf, der Sojasauce und der Maisstärke mischen und zu den Pilzen geben. Unter Rühren aufkochen lassen und das Fleisch wieder hineingeben. Ca. 2-3 Minuten schmoren lassen.

5 Das Koriandergrün waschen, trocknen und die Blättchen abzupfen. Die Schweinemedaillons mit den Pilzen in Schälchen anrichten, mit dem Koriandergrün bestreuen und servieren.

Austernpilze
Der muschelförmige Blätterpilz besticht vor allen durch seinen mild-aromatischen Waldgeschmack. In der Zubereitung ist der Austernpilz recht pflegeleicht: Weil er meist auf Strohballen gezüchtet wird, muss er vor der Verarbeitung lediglich mit einem Tuch abgerieben werden.

HASENFILET MIT TRAUBEN

Für 4 Portionen

300 g grüne Trauben
50 g Rosinen
4 cl Armagnac
1/2 El Fünf-Gewürz-Pulver
500 g Hasenfilet
2-3 El Sesamöl
100 g Bacon bits
Salz
Pfeffer
100 g Linsensprossen

Zubereitungszeit: ca. 30 Minuten
347 kcal/1459 kJ

1 Die Trauben waschen, halbieren und die Kerne entfernen. Die Trauben mit den Rosinen, dem Armagnac und dem Fünf-Gewürz-Pulver mischen und ca. 10-15 Minuten marinieren.

2 Das Hasenfilet waschen, trocknen und in feine Streifen schneiden.

3 Das Öl im Wok erhitzen und die Fleischstreifen zusammen mit den Bacon bits unter Rühren ca. 3-4 Minuten braten.

4 Die Traubenmischung dazugeben und alles ca. 3-4 Minuten schmoren lassen. Mit Salz und Pfeffer kräftig abschmecken.

5 Die Linsensprossen waschen, gut abtropfen lassen und dazugeben. Ca. 1-2 Minuten unter Rühren erwärmen, anrichten und servieren.

Linsensprossen
Jedes Reformhaus und jeder Naturkostladen bietet frische Linsensprossen an. Sie können aber auch leicht selbst gezogen werden.

PIKANTE PFEFFERPFANNE

■ **Für 4 Portionen**

600 g Rumpsteak
4-5 El Sesamöl
50 g eingelegte grüne Pfefferkörner
100 g Mandarinen aus der Dose
Salz
1/2 Bund Schnittlauch

Zubereitungszeit: ca. 20 Minuten
449 kcal/1886 kJ

Pfeffer

Der 3 bis 4 Meter hohe Pfefferstrauch ähnelt etwas dem Weinstock. An den schlanken, rankenden Zweigenden bilden sich zweimal im Jahr weiße Blütensträußchen. Die unreifen grünen Beeren, die den grünen Pfeffer ausmachen, werden frisch in Lake eingelegt. Schwarzer Pfeffer entsteht ebenfalls aus unreifen grünen Beeren, die allerdings an der Sonne getrocknet und später fermentiert werden.

1 Das Fleisch waschen, trocknen und in feine Streifen schneiden. Das Öl im Wok erhitzen und die Fleischstreifen darin unter Rühren ca. 3-4 Minuten braten.

2 Die Pfefferkörner gut abtropfen lassen und dazugeben. Die Mandarinen auf ein Sieb geben und ebenfalls gut abtropfen lassen. Den Saft dabei auffangen.

3 Die Mandarinen in den Wok geben und alles ca. 1-2 Minuten schmoren lassen. Die Pfefferpfanne mit 2-3 El des aufgefangenen Mandarinensaftes und Salz abschmecken.

4 Den Schnittlauch waschen, trocknen und in feine Röllchen schneiden. Die Pfefferpfanne anrichten und mit Schnittlauch bestreut servieren.

Rettich-Fleisch-Salat

■ **Für 4 Portionen**

6 El Sojasauce
2-3 El Apfelessig
1 Tl Salz
1 Tl Zucker
Ingwerpulver
2 rote getrocknete Chilischoten, zerbröselt
2-3 El Sesamsaat
2-3 El Sesamöl
1/2 Tl Wasabi-Paste
400 g weißer Rettich
400 g Tafelspitz
375 ml Asiafond (FP)
1/2 Bund Koriandergrün

Zubereitungszeit: ca. 55 Minuten
301kcal/1264 kJ

1 4 El der Sojasauce mit Essig, Salz, Zucker, Ingwerpulver, Chilischoten und Sesamsaat verrühren. Das Öl langsam unter Rühren dazugeben.

2 Die Wasabi-Paste dazugeben und unter Rühren auflösen. Den Rettich schälen und grob raspeln. In die Marinade legen und ca. 30 Minuten marinieren lassen.

3 Das Fleisch waschen, trocknen und in feine Streifen schneiden. Den Fond im Wok erhitzen und die Fleischstreifen darin bei milder Hitze ca. 15-20 Minuten gar ziehen lassen.

4 5 Minuten vor Ende der Garzeit die restliche Sojasauce dazugeben. Die Fleischstreifen herausnehmen, gut abtropfen lassen und unter den Rettichsalat heben.

5 Den Koriander waschen, trocknen und fein hacken. Den Rettich-Fleisch-Salat lauwarm und mit Koriandergrün bestreut anrichten und servieren.

Wasabi

Den hellgrünen japanischen Meerrettich gibt es als Paste oder als Pulver, das mit Wasser angerührt wird. Vorsicht bei der Verwendung: Wasabi ist zwar fruchtig, aber brennend scharf.

GESCHNETZELTES MIT MANGOLD

■ **Für 4 Portionen**

400 g Kalbsschnitzel
Salz
Pfeffer
Etwas Mehl
3-4 El Erdnussöl
1 El Chiliöl
500 g Mangold
3 Schalotten
125 ml Kalbsfond (FP)
100 g Parmaschinken
50 g Mandelstifte

Zubereitungszeit: ca. 30 Minuten
369 kcal/1550 kJ

Mangold
Die zarten, dunkelgrünen Blätter des spinatähnlichen Blattgemüses samt seiner fleischigen Blattstiele enthalten viel Provitamin A und wirken nervositätslindernd. Den milden nussigen Geschmack dieses hierzulande fast vergessenen Gemüses gilt es wieder zu entdecken.

1 Die Schnitzel waschen, trocknen und in Streifen schneiden. In Salz, Pfeffer und Mehl wenden.

2 Die beiden Ölsorten im Wok erhitzen und die Fleischstreifen darin unter Rühren ca. 3-4 Minuten braten. Herausnehmen und warm stellen.

3 Den Mangold putzen, waschen, trocknen und fein hacken. Die Schalotten schälen und fein hacken. Die Schalottenwürfel zusammen mit dem Mangold in dem verbliebenen Bratfett 2-3 Minuten anbraten.

4 Mit dem Kalbsfond ablöschen und 4-5 Minuten bei milder Hitze schmoren lassen. Den Schinken in feine Streifen schneiden und zusammen mit dem Fleisch dazugeben.

5 Die Mandelstifte in einer Pfanne ohne Fett rösten. Das Geschnetzelte anrichten und mit den Mandelstiften bestreut servieren.

BEEFHACK MIT KAPUZINERERBSE

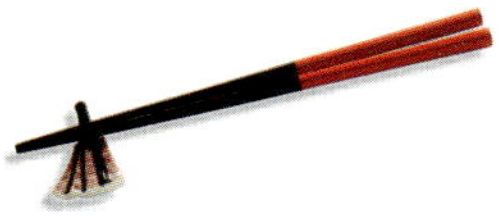

■ **Für 4 Portionen**

1 Gemüsezwiebel
3 Tomaten
1 grüne Paprikaschote
4-5 El Sesamöl
1 Tl Paprikapulver
Je 1 Tl Kreuzkümmel-, Koriander-, Kardamom- und Ingwerpulver
1 El Chilipaste
500 g Tatar
400 g Kapuziner-Erbsen aus der Dose
8 Tortillas (FP)

Zubereitungszeit: ca. 30 Minuten
509 kcal/2138 kJ

1 Die Zwiebel schälen und in feine Würfel schneiden. Die Tomaten kreuzweise einritzen, kurz in kochendes Wasser tauchen, mit kaltem Wasser abschrecken und die Haut abziehen.

2 Die Tomaten entkernen und in Würfel schneiden. Die Paprikaschote halbieren, entkernen und die Schoten unter fließendem kalten Wasser waschen. In feine Würfel schneiden.

3 Das Öl im Wok erhitzen und die Zwiebelwürfel darin glasig anschwitzen. Die Tomaten- und Paprikawürfel dazugeben und 1-2 Minuten mitbraten. Die Gewürze und die Chilipaste mit dem Tatar mischen und zu dem Gemüse geben. Unter Rühren ca. 8-10 Minuten braten.

4 Die Kapuziner auf ein Sieb geben und gut abtropfen lassen. Vorsichtig unter die Tatarmasse mischen und ca. 1-2 Minuten erwärmen. Die Tortillas laut Packungsanweisung erwärmen und mit der Fleischmasse füllen. Aufrollen, anrichten und servieren.

Kapuziner
Die dicken, braunen, sehr mehligen Erbsen erinnern im Geschmack an Kichererbsen. Kapuziner werden fertig gegart in Dosen angeboten.

SAURE LAMMSTREIFEN

Für 4 Portionen

500 g Lammfilet
2-3 El Sesamöl
Salz
Pfeffer
Knoblauch-, Ingwer- und Kardamompulver
1 Msp. Rosmarinpulver
250 g Mixed Pickles
1-2 El Schmand

Zubereitungszeit: ca. 40 Minuten
267 kcal/1121 kJ

Mixed Pickles
Die klassische Zusammenstellung der Mixed Pickles ist: Silberzwiebeln, Maiskölbchen, Blumenkohl, Cornichons und Paprika. Zu dem Essiggemüse dazukommen dürfen auch noch Spargel, Bohnen, Pilze und Karotten.

1 Das Fleisch waschen, trocknen und in feine Streifen schneiden. Das Öl mit den Gewürzen verrühren und die Fleischstreifen darin ca. 15-20 Minuten marinieren lassen.

2 Die Fleischstreifen mit der Marinade in einen erhitzten Wok geben und ca. 5-6 Minuten unter Rühren braten.

3 Die Mixed Pickles samt Flüssigkeit dazugeben und 3-4 Minuten schmoren. Den Schmand unterrühren, die Fleischstreifen und das Gemüse auf Schälchen anrichten und servieren.

ASIA-GULASCH

■ **Für 4 Portionen**

600 g Schweinefleisch
2-3 rote Zwiebeln
2 Knoblauchzehen
100 g Suppengrün (TK)
4-5 El Erdnussöl
300-400 g Linsen aus der Dose
125 ml Asiafond (FP)
1-2 EL Sojasauce
1-2 El Apfelessig
Salz
Pfeffer
Nelkenpulver
1 Prise Zucker
1/2 Bund Koriandergrün

Zubereitungszeit: ca. 20 Minuten
589 kcal/2474 kJ

1 Das Fleisch in gleichmäßig kleine Würfel schneiden. Zwiebeln und Knoblauchzehen schälen und fein würfeln.

2 Die Zwiebel- und Knoblauchwürfel zusammen mit dem Suppengrün in dem Erdnussöl 2-3 Minuten anbraten. Das Fleisch dazugeben und unter Rühren ca. 3-4 Minuten mitbraten.

3 Die Linsen auf ein Sieb geben und gut abtropfen lassen. Zusammen mit dem Asiafond in den Wok zum Fleisch geben und bei milder Hitze ca. 4-5 Minuten schmoren lassen.

4 Das Gulasch mit der Sojasauce, dem Essig und den Gewürzen pikant abschmecken. Das Koriandergrün waschen, trocknen und fein hacken.

5 Das Gulasch anrichten und mit Koriandergrün bestreut servieren. Als Beilage Mien-Sien-Nudeln reichen.

Mien-Sien-Nudeln
Die dünnen, weißen Gebilde aus Weizenmehl und Wasser werden vorwiegend getrocknet angeboten und sind auch als „Shanghai-Nudeln" im Handel erhältlich.

FLEISCH-KOKOS-BÄLLCHEN

Für 4 Portionen

1 Bund Frühlingszwiebeln
1 Stück frischer Ingwer (2 cm)
400 g gemischtes Hackfleisch
200 g Lammhackfleisch
Salz
Pfeffer
Kreuzkümmel-, Knoblauch- und Senfpulver
6-7 El Kokosraspel
80 ml Erdnussöl
500 ml Lammfond (FP)
1 El Chilipaste
3-4 El Erdnussbutter
1 Tl Sambal Oelek

Zubereitungszeit: ca. 30 Minuten
575 kcal/2418 kJ

Sambal Oelek
Die scharfe indonesische Pfefferpaste sollte für westeuropäische Geschmacksnerven vorsichtig dosiert werden. In Indonesien wird Sambal Oelek manchmal sogar löffelweise gegessen.

1 Die Frühlingszwiebeln putzen, waschen und in feine Röllchen schneiden. Den Ingwer schälen und fein raspeln. Beides mit dem Hackfleisch und dem Lammhack mischen.

2 Die Fleischmischung mit den Gewürzen kräftig abschmecken und zu kleinen Bällchen formen.

3 Die Fleischbällchen in den Kokosraspeln wälzen. Das Öl im Wok erhitzen und die Fleischbällchen darin goldgelb ausbacken.

4 Den Lammfond mit der Chilipaste und der Erdnussbutter unter Rühren erwärmen. Mit Sambal Oelek abschmecken und die Sauce zu den Fleischbällchen reichen.

VIELSEITIG: FISCH UND MEERESFRÜCHTE

Frittiert, gebraten, geschmort oder gedünstet, als Suppe, Chips, Filet oder Curry: Für Freunde von Fisch und Frutti di mare hält die Wok-Küche eine große Rezept-Vielfalt parat.

GEDÄMPFTER KARPFEN

Für 4 Portionen

1-1 1/2 kg Karpfen (vom Händler in Stücke schneiden lassen)
2-3 El Reiswein oder trockener Sherry
2-3 El grobes Meersalz
2-3 El grober Pfeffer
4 Schalotten
1 Stück frischer Ingwer (3 cm)
2 rote Paprikaschoten
100 g Bambussprossen aus der Dose
5-6 El Sojasauce
500 ml Fischfond (FP)
2-3 El chinesischer Senf
1 El Speisestärke
2-3 El Schmand

Zubereitungszeit: ca. 40 Minuten
409 kcal/1720 kJ

1 Die Fischstücke waschen, trocknen und mit dem Reiswein beträufeln. Mit Salz und Pfeffer einreiben und in ein Dampfkörbchen legen.

2 Die Schalotten schälen und in Viertel schneiden. Den Ingwer schälen und in Scheiben schneiden. Die Paprikaschoten halbieren, entkernen, waschen und in Rauten schneiden.

3 Die Bambussprossen in ein Sieb geben und gut abtropfen lassen. Das Gemüse mischen und mit der Sojasauce beträufeln.

4 Die Gemüsemischung über die Karpfenstücke verteilen. Den Fischfond im Wok zum Kochen bringen. Den Dampfkorb hineinsetzen und alles bei milder Hitze ca. 15-20 Minuten dämpfen.

5 Den Korb herausnehmen und den Senf in ca. 350 ml Fischfond einrühren. Die Speisestärke mit etwas kaltem Wasser anrühren und den Fischfond damit andicken. Die Sauce abschmecken und mit dem Schmand verfeinern.

6 Die Karpfenstücke zusammen mit dem Gemüse und der Sauce anrichten und servieren.

Karpfen

Einer der beliebtesten Süßwasserfische ist der dicke, wohl schmeckende Karpfen. Als frische Zuchtfische werden heute vorwiegend Spiegelkarpfen angeboten, und zwar nicht mehr nur zur Weihnachtszeit, sondern generell zwischen September und April.

HUMMERCURRY

Für 4 Portionen

2 gekochte Hummer (TK)
4 rote Zwiebeln
3-4 Knoblauchzehen
5-6 El Sesamöl
Ingwer- und Senfpulver
Cayennepfeffer
100 g Senfgurken
350 ml ungesüßte Kokosmilch
2 El grüne Currypaste

Zubereitungszeit: ca. 30 Minuten
255 kcal/1072 kJ

Hummer

Er gilt als „Wappentier des Gourmets": Hummer, Lobster oder Homard. Besonders schmackhaft ist sein Fleisch in den kräftigen Scheren und im Schwanz.

1 Den Hummer nach Packungsanweisung auftauen lassen. Die Scheren und den Schwanz aufbrechen und das Fleisch herauslösen. Das Hummerfleisch in kleine Stücke schneiden.

2 Die Zwiebeln und die Knoblauchzehen schälen und fein würfeln. Das Sesamöl im Wok erhitzen und die Zwiebel-Knoblauchwürfel darin 2-3 Minuten anbraten.

3 Mit Ingwer- und Senfpulver und Cayennepfeffer würzen. Die Gurken auf ein Sieb geben und gut abtropfen lassen. In feine Würfel schneiden und zu der Zwiebel-Knoblauch-Mischung geben.

4 Die Kokosmilch dazugießen und die Currypaste einrühren. Alles bei milder Hitze ca. 6-7 Minuten garen. Das Hummerfleisch dazugeben und in der Sauce erwärmen. Das Hummercurry in Schälchen anrichten und servieren.

FISCHCHIPS MIT SESAMKRUSTE

■ **Für 4 Portionen**

500 g Seefischfilet
1 Tl Salz
1 Tl grober Pfeffer
2 El Sesamöl
2-3 El Reiswein
1/2 Bund Frühlingszwiebeln
1 Stück frischer Ingwer (2-3 cm)
3 El Mehl
2-3 Eier
100 g weiße Sesamsaat
Erdnussöl zum Ausbacken
2 Zitronen
1/2 Bund Petersilie
Sojasauce
Hoisin-Sauce
Wasabi
Sambal Oelek

Zubereitungszeit: ca. 35 Minuten
398 kcal/1674 kJ

1 Das Fischfilet waschen, trocknen und im Gefrierschrank etwas anfrieren lassen. Herausnehmen und in dünne Scheiben schneiden. Salz, Pfeffer, Öl und Reiswein mischen.

2 Die Frühlingszwiebeln putzen, waschen und in feine Röllchen schneiden. Den Ingwer schälen und fein hacken. Frühlingszwiebeln und Ingwer zur Marinade geben und diese über die Fischscheiben geben. Das Ganze ca. 10-15 Minuten marinieren lassen.

3 Mehl auf einen flachen Teller geben. Die Eier verquirlen und die Sesamkörner bereitstellen.

4 Ausreichend Erdnussöl in einem Wok erhitzen. Die Fischscheiben aus der Marinade nehmen und nacheinander in Mehl, Eiern und Sesamkörnern wenden. Die Fischchips portionsweise im heißen Fett ca. 2-3 Minuten ausbacken.

5 Herausnehmen und auf Küchenpapier abtropfen lassen. Die Zitronen in Scheiben schneiden. Die Petersilie waschen, trocknen und die Blättchen abzupfen.

6 Die Fischchips anrichten und mit Zitronenscheiben und Petersilie garniert servieren. Zum Dippen Sojasauce, Hoisin-Sauce, Wasabi und Sambal Oelek reichen.

FEINE JAKOBSMUSCHELN

■ **Für 4 Portionen**

1 Bund Frühlingszwiebeln
2 Knoblauchzehen
3 Fleischtomaten
4-5 El Sesamöl
Salz
Pfeffer
1 Prise Zucker
500 g ausgelöstes Jakobsmuschelfleisch
100 g Champignons aus der Dose
2 cl Sherry
1 El Sojasauce

Zubereitungszeit: ca. 20 Minuten
468 kcal/1966 kJ

Jakobsmuscheln

Jakobsmuscheln sind Symbol und Trinkgefäß der Pilger zur Grabstätte des heiligen Jakobus in Santiago de Compostella. Um frische Muscheln auszulösen, legen Sie diese kurz auf eine heiße Herdplatte, damit sie sich einen Spalt öffnen. Danach schneiden Sie mit einem Messer an der flachen Seite entlang und lösen das Fleisch vorsichtig aus der Schale.

1 Die Frühlingszwiebeln putzen, waschen, trocknen und in feine Ringe schneiden. Die Knoblauchzehen schälen und fein hacken.

2 Die Tomaten kreuzweise einritzen, kurz in kochendes Wasser tauchen, mit kaltem Wasser abschrecken und die Haut abziehen. In feine Würfel schneiden.

3 Das Öl im Wok erhitzen und die Frühlingszwiebeln mit dem Knoblauch und den Tomatenwürfeln darin unter Rühren 2-3 Minuten braten. Alles mit Salz, Pfeffer und einer Prise Zucker würzen.

4 Die Muscheln waschen, trocknen und halbieren. Die Champignons auf ein Sieb geben und gut abtropfen lassen. Anschließend halbieren.

5 Die Muscheln zusammen mit den Champignons zum Gemüse geben und unter Rühren 1 Minute braten. Den Sherry und die Sojasauce dazugeben, aufkochen lassen und alles eventuell noch mit Salz und Pfeffer nachwürzen. Die Jakobsmuscheln anrichten und servieren.

Fischsuppe mit Tofu

Für 4 Portionen

600 g Schollenfilet
1 Salatgurke
3-4 El Sesamöl
100 g Zwiebel-Knoblauch-Mischung (TK)
200 g 8-Kräuter-Mischung (TK)
1 l Fischfond (FP)
1/2 Würfel Krebssuppenpaste (FP)
2-3 El Sojasauce
2 cl Anisschnaps
200 g Tofu

Zubereitungszeit: ca. 35 Minuten
306 kcal/1285 kJ

1 Das Fischfilet waschen, trocknen und in kleine Würfel schneiden. Die Gurke schälen, der Länge nach halbieren und die Kerne entfernen. Die Gurke anschließend in Dreiecke schneiden.

2 Das Öl im Wok erhitzen und die Fischwürfel zusammen mit den Gurkenwürfeln darin 2-3 Minuten braten. Die Zwiebel-Knoblauch-Mischung und die 8-Kräuter-Mischung dazugeben.

3 Den Fond angießen und die Krebspaste in die Suppe bröseln. Unter Rühren auflösen lassen.

4 Die Suppe mit der Sojasauce und dem Anisschnaps würzen. Das Ganze ca. 10 Minuten bei milder Hitze garen.

5 Den Tofu in kleine Würfel schneiden und 3 Minuten vor Ende der Garzeit dazugeben. Die Suppe in Schälchen anrichten und servieren.

Scholle

Scholle oder auch Goldbutt ist hierzulande der beliebteste Plattfisch. Die zarten, weißen Filets des platten Meeresfischs sind schmackhaft und kalorienarm.

FRITTIERTE SARDINEN

■ **Für 4 Portionen**

800 g küchenfertige Sardinen

Ingwer- und Chilipulver

1/2 Tl Kurkuma

Mehl zum Bearbeiten

1 Bund Koriander

3 Eigelb

100-120 g Mehl

125-250 ml helles Bier

Erdnussöl zum Ausbacken

1 unbehandelte Zitrone

Einige Blätter Lollo bianco zum Garnieren

Zubereitungszeit: ca. 30 Minuten
458 kcal/1925 kJ

Sardinen

Sardinen sind kleine Heringsfische mit fettem, würzigem und etwas salzigem Fleisch. Am bekanntesten sind wohl die in Öl eingelegten, jedoch lohnt es sich, zu frischen Sardinen zu greifen.

1 Die Sardinen waschen, trocknen und von innen und außen mit Ingwer- und Chilipulver und Kurkuma einreiben. Die Sardinen in Mehl wenden und bereitstellen.

2 Den Koriander waschen, gut trocknen und die einzelnen Zweige ebenfalls in Mehl wenden. Eigelb verquirlen, das Mehl und das Bier unterrühren.

3 Das Öl im Wok erhitzen. Das überschüssige Mehl von Sardinen und Korianderzweigen abklopfen und diese portionsweise durch den Teig ziehen.

4 Die Fische und die Kräuterzweige portionsweise im heißen Erdnussöl ausbacken.

5 Die Zitrone mit einem Tuch abreiben und mit einem Zestenreißer feine Streifen aus der Schale schneiden. Die Sardinen mit den Korianderzweigen anrichten. Mit den Zitronenschalenstreifen und dem Salat garnieren und servieren.

GEBRATENE MEERESFRÜCHTE

■ **Für 4 Portionen**

800 g Meeresfrüchte (TK)

1-2 El Fünf-Gewürz-Pulver

1 Zweig Rosmarin

1/2 Bund Thymian

1 El Zitronensaft

1 El Kapern

20 g schwarze Oliven ohne Stein

200 g getrocknete, in Öl eingelegte Tomaten

4-5 El Erdnussöl

2-4 cl Grappa

Zubereitungszeit: ca. 25 Minuten
409 kcal/1720 kJ

1 Die Meeresfrüchte nach Packungsanweisung auftauen lassen. Mit dem Fünf-Gewürz-Pulver bestreuen und ca. 5 Minuten ruhen lassen.

2 Die Kräuter waschen, trocknen, von den Stielen zupfen und fein hacken. Die Kräuter mit dem Zitronensaft und den gut abgetropften Kapern verrühren. Die Oliven klein schneiden und dazugeben.

3 Die Tomaten auf ein Sieb geben und gut abtropfen lassen. Anschließend grob zerkleinern und ebenfalls zu der Kräutermischung geben.

4 Das Öl im Wok erhitzen und die Meeresfrüchte darin unter Rühren 3-4 Minuten braten. Herausnehmen und warm stellen.

5 Die Kräuter-Oliven-Tomaten-Mischung in dem verbliebenem Bratfett ca. 3-4 Minuten braten. Die Meeresfrüchte wieder dazugeben und 1 Minute erwärmen. Alles mit dem Grappa abschmecken, anrichten, eventuell mit etwas Schnittlauch bestreuen und servieren.

Frutti di mare

Die Mischung schmackhafter Meerestiere wird küchenfertig und tiefgefroren angeboten und ist ideal für alle Zubereitungsarten. Vor allen Dingen im Wok sind Frutti di mare schnell und abwechslungsreich zubereitet.

Geschmorter Aal mit Fenchel

■ **Für 4 Portionen**

800 g Aal
4-5 El Sherryessig
1 El grobes Meersalz
50 g eingelegter Ingwer
200 g Pastinaken
300 g Fenchel
6-7 El Sesamöl
1 El Fenchelsamen
Salz
Cayennepfeffer
125-250 ml Fischfond (FP)
1/2 Bund Petersilie
Zitronenschalenstreifen zum Garnieren

Zubereitungszeit: ca. 35 Minuten
293 kcal/1232 kJ

1 Den Aal waschen und in ca. 3-4 cm breite Stücke schneiden. Mit dem Essig beträufeln und mit dem Meersalz bestreuen. Ca. 5-8 Minuten durchziehen lassen.

2 Den Ingwer auf ein Sieb geben und gut abtropfen lassen. Die Pastinaken und den Fenchel putzen, waschen und in Stücke schneiden.

3 Das Öl im Wok erhitzen und die Aalstücke darin unter Rühren 4-5 Minuten anbraten. Den Ingwer, die Pastinaken- und Fenchelwürfel zusammen mit dem Fenchelsamen dazugeben und weitere 3-4 Minuten braten. Mit Salz und Cayennepfeffer würzen und den Fond angießen. Bei milder Hitze ca. 6-8 Minuten schmoren lassen.

4 Die Petersilie waschen, trocknen und die Blättchen von den Stielen zupfen. Den geschmorten Aal mit Petersilie und der Zitronenschale bestreut anrichten und servieren.

Pastinaken

Die gelblichen, an Möhren erinnernden Wurzeln haben einen aromatisch würzigen und süßlichen Geschmack. Pastinaken lassen sich gekocht als karottenähnliches Gemüse verwenden, passen roh aber auch ideal zu Salat.

Krebse mit Artischocken

Für 4 Portionen

1-1 1/2 kg Flusskrebse (TK, gekocht in der Schale)
2 Knoblauchzehen
4 Schalotten
Koriander-, Kreuzkümmel- und Ingwerpulver
1 El Chilisauce
4-5 El Sesamöl
300-400 g Artischockenböden aus der Dose
125 ml Asiafond (FP)
Etwas Stärkemehl

Zubereitungszeit: ca. 30 Minuten
427 kcal/1793 kJ

1 Die Krebse nach Packungsanweisung auftauen lassen. Die Schwänze ab- und aufbrechen und das Fleisch herauslösen. Das Krebsfleisch in Stücke schneiden.

2 Die Knoblauchzehen und die Schalotten schälen und in feine Würfel schneiden. Beides mit dem Krebsfleisch mischen und mit den Gewürzen und der Chilisauce kräftig abschmecken.

3 Das Öl im Wok erhitzen und die Krebsmischung darin unter Rühren 3-4 Minuten braten.

4 Die Artischockenböden in ein Sieb geben und gut abtropfen lassen. Die Böden in kleine Würfel schneiden und zusammen mit dem Asiafond in den Wok geben. Mit der Krebsmischung bei milder Hitze ca. 1-2 Minuten schmoren lassen.

5 Das Stärkemehl mit etwas kaltem Wasser anrühren und die Krebs-Artischocken-Mischung damit andicken. Die Krebse mit den Artischocken anrichten und servieren.

Flusskrebse

Die Edelkrebse leben im Süßwasser und tummelten sich vor ca. 30 bis 50 Jahren noch in jedem sauberen einheimischen Fließgewässer. Mittlerweile werden sie vorwiegend aus China und aus Süd- und Südosteuropa importiert, meistens gekocht als TK-Produkt.

GEBACKENE FISCHSCHNITTEN

Für 4 Portionen

500 g Fischfilet (TK)
100 g Zwiebel-Knoblauch-Mischung (TK)
100 g Kräuter der Provence (TK)
100 g Bacon bits
Salz
Pfeffer
Ingwer- und Senfpulver
2-3 Eier
1 mittelgroßes Baguette
50-100 g Sesamsaat
Erdnussöl zum Frittieren
1 Zitrone
Pflaumensauce (FP)

Zubereitungszeit: ca. 35 Minuten
514 kcal/2160 kJ

1 Das Fischfilet auftauen lassen und zusammen mit der Zwiebel-Knoblauch-Mischung und den Kräutern der Provence durch die feine Seite des Fleischwolfs drehen. Den Bacon unterkneten.

2 Die Fischfarce mit Salz, Pfeffer, Ingwer- und Senfpulver abschmecken. Die Eier verquirlen. Das Brot in dünne Scheiben schneiden und die Kruste an allen Seiten etwas einschneiden.

3 Die Brotscheiben mit etwas Ei bestreichen. Die Fischmasse darauf verteilen und mit der Sesamsaat bestreuen.

4 Das Ganze fest andrücken und wieder mit Ei bestreichen. Das Öl im Wok erhitzen. Die Brotscheiben mit der belegten Seite auf den Sieblöffel legen und in das Fett tauchen. Bei milder Hitze ca. 3-4 Minuten knusprig ausbraten.

5 Die Fischschnitten auf Küchenpapier abtropfen lassen. Die Zitrone in Achtel schneiden. Die Fischschnitten mit den Zitronenachteln garniert servieren. Die Pflaumensauce getrennt dazureichen. Dazu passen gebratene asiatische Pilze.

Feine Knoblauchgarnelen

Für 4 Portionen

900-1000 g Riesengarnelenschwänze, roh in der Schale

Sesamöl zum Frittieren

10 Knoblauchzehen

3-4 rote Chilischoten

1 Bund Frühlingszwiebeln

Zitronenpfeffer

100 g süß-sauer eingelegter Ingwer

2 El Erdnussöl

Zubereitungszeit: ca. 35 Minuten
499 kcal/2097 kJ

1 Die Riesengarnelen waschen, trocknen und in sehr heißem Sesamöl ca. 40-50 Sekunden frittieren, bis sie schön rot sind. Herausnehmen und auf Küchenpapier abtropfen lassen.

2 Die Knoblauchzehen schälen und fein hacken. Die Chilischoten halbieren, entkernen und die Schoten unter fließendem kalten Wasser waschen. In feine Ringe schneiden.

3 Die Frühlingszwiebeln putzen, waschen, in Ringe schneiden und mit den Chiliwürfeln und den Knoblauchzehen mischen. Mit Zitronenpfeffer würzen.

4 Den Ingwer fein hacken und zu der Zwiebel-Knoblauch-Mischung geben. Das Erdnussöl im Wok erhitzen und die Gemüsemischung darin unter Rühren ca. 3-4 Minuten braten.

5 Die Riesengarnelen dazugeben und 1-2 Minuten durchrühren. Alles anrichten und mit Limetten garniert servieren.

Riesengarnelen
Ob King Prawn, Gamba oder Crevette – die Schwimmkrebse können bis zu 250 g schwer werden.

LACHS „WESTINDIAN STYLE"

■ **Für 4 Portionen**

4 Lachsfilets (à 150 g)
4-5 El Zitronensaft
4 cl weißer Rum
2-3 El Zitronenpfeffer
1 Bund Frühlingszwiebeln
4-5 Knoblauchzehen
1 Mango
60 g Butterschmalz
150 g frische Shrimps ohne Schale
250 ml ungesüßte Kokosmilch
1-2 El Hot Salsa (FP)

Zubereitungszeit: ca. 35 Minuten
607 kcal/2550 kJ

1 Den Lachs waschen und trocknen. Mit dem Zitronensaft und dem Rum beträufeln. Die Fischfilets mit dem Zitronenpfeffer würzen. Ca. 20-25 Minuten durchziehen lassen.

2 Die Frühlingszwiebeln putzen und in Ringe schneiden. Die Knoblauchzehen schälen und fein hacken. Die Mango schälen, das Fleisch vom Stein lösen und in Würfel schneiden.

3 Den Schmalz im Wok erhitzen und den Lachs mit den Shrimps darin andünsten. Frühlingszwiebeln, Knoblauch und Mango dazugeben. Alles ca. 4 Minuten braten.

4 Alles zusammen mit der Kokosmilch ablöschen und die Hot Salsa dazugeben. Bei milder Hitze 2-3 Minuten schmoren lassen. Alles zusammen anrichten und servieren. Dazu passt eine Wildreismischung.

Lachs

Je heller das Fleisch des Lachses, umso fetter und geschmacksintensiver ist es. Lachs sollte möglichst immer frisch verarbeitet werden und nicht länger als einen Tag im Kühlschrank aufbewahrt werden.

WOLFSBARSCH-RÖLLCHEN

Für 4 Portionen

1 Zucchini
3 Tomaten
2 dünne Porreestangen
3 Möhren
200 g Riesenchampignons
100 g gekochter Schinken
1 El Fünf-Gewürz-Pulver
3-4 El Sesamöl
4 Wolfsbarschfilets (à 200 g)
1-2 EL Wasabi
500-750 ml Fischfond (FP)
2-3 El Sojasauce

Zubereitungszeit: ca. 35 Minuten
328 kcal/1379 kJ

1 Die Zucchini putzen, waschen und in feine Würfel schneiden. Die Tomaten enthäuten, entkernen und in Würfel schneiden.

2 Den Porree putzen, waschen und ebenfalls fein würfeln. Die Möhren schälen und würfeln. Die Pilze putzen und klein schneiden.

3 Den Schinken in feine Streifen schneiden. Das Gemüse mit dem Fünf-Gewürz-Pulver würzen. Das Öl im Wok erhitzen und das Gemüse mit dem Schinken unter Rühren darin 4-5 Minuten braten.

4 Die Fischfilets waschen, trocknen und schräg in dünne Scheiben schneiden. Die Fischscheiben dünn mit Wasabi bestreichen und mit der Gemüse-Schinken-Mischung belegen.

5 Aufrollen und mit kleinen Holzspießchen feststecken. Den Fischfond mit der Sojasauce im Wok erhitzen.

6 Die Fischröllchen in einen Bambuskorb geben und diesen in den Wok setzen. Bei milder Hitze ca. 4-5 Minuten garen. Herausnehmen, anrichten und servieren. Dazu passt Basmatireis.

Wolfsbarsch

Der Loup de Mer ist ein schmackhafter, aber nicht sehr preiswerter Fisch. Sie können ihn auch durch frische Heringsfilets, Dorade oder andere Seefische ersetzen.

SÜSS-SAURER ZWIEBELFISCH

Für 4 Portionen

500 g Schalotten
5-6 El Erdnussöl
6 El Sherryessig
250 ml Fischfond (FP)
1 zerbröseltes Lorbeerblatt
Nelken-, Senf- und Ingwerpulver
Grober schwarzer Pfeffer
1-2 getrocknete zerdrückte Chilischoten
1 Tl gerebelter Thymian
Salz
Zucker
500 g Fischfilet
2 Tl Speisestärke

Zubereitungszeit: ca. 25 Minuten
342 kcal/1438 kJ

Sherryessig

Dieser aromatische Essig eignet sich besonders für gebratenes Geflügel, Fischgerichte, Gemüse und Salate. Verwenden Sie den Sherryessig sparsam und verdünnt.

1 Die Schalotten schälen und in Würfel schneiden. Das Erdnussöl im Wok erhitzen und die Schalottenwürfel darin 5-6 Minuten braten.

2 Den Essig, den Fischfond, das Lorbeerblatt, die Gewürze, die Chilischoten, Thymian, Salz und Zucker dazugeben und 6-8 Minuten bei milder Hitze garen.

3 Das Fischfilet waschen, trocknen und in kleine Würfel schneiden. Anschließend in der Speisestärke wenden.

4 Die Fischwürfel in den Zwiebelsud geben. Bei milder Hitze unter Rühren ca. 5-6 Minuten garen. Den Zwiebelfisch mit der Sauce anrichten und servieren. Dazu passt Reis.

BUNTE CALAMARI

Für 4 Portionen

500 g Chinesisches Pfannengemüse (TK)
100 g Wasserkastanien aus der Dose
100 g Bambussprossen aus der Dose
100 g Palmherzen aus der Dose
6-7 El Sesamöl
Ingwer-, Knoblauch- und Zwiebelpulver
Salz
Pfeffer
500 g Mini-Tintenfische
1/2 Bund Koriandergrün

Zubereitungszeit: ca. 30 Minuten
304 kcal/1276 kJ

1 Das Pfannengemüse etwas antauen lassen. Die Wasserkastanien, die Bambussprossen und die Palmherzen auf ein Sieb geben und gut abtropfen lassen. Alles in feine Scheiben schneiden.

2 Das Öl im Wok erhitzen und das gesamte Gemüse darin unter Rühren ca. 4-5 Minuten braten. Mit den Gewürzen, Salz und Pfeffer abschmecken.

3 Die Tintenfische dazugeben und weitere 3-4 Minuten unter Rühren braten. Das Koriandergrün waschen, trocknen und die Blättchen abzupfen.

4 Die Calamari auf Tellern anrichten und mit Koriandergrün bestreut servieren.

Calamari

Die kleinen Tintenfische werden bei uns küchenfertig frisch oder als TK-Produkt angeboten. Calamari eignen sich gut zum Pfannenrühren, da sie sehr schnell gar sind.

Gedämpfter Barsch

■ **Für 4 Portionen**

250 g Lotoswurzeln
250 g Salatgurke
250 g Möhren
100 ml Apfelessig
250 ml Gemüsefond (FP)
2-3 Tl Zucker
1/2 Tl Salz
8 Bambusblätter
500 g Seebarschfilet
2-3 El Sesamöl
2-3 El Ingwersaft
2-3 El Mirin
250 g Muscheln aus dem Glas

Zubereitungszeit: ca. 40 Minuten
406 kcal/1706 kJ

Seebarsch
Das feine, feste, aromatische Fleisch des Seebarschs ist nährstoffreich, kalorienarm und zudem leicht verdaulich. Im Dampfkörbchen gedämpft bereiten Sie den Fisch optimal und schonend zu.

1 Die Lotoswurzeln schälen und ringförmig zwischen den Hohlräumen einschneiden. Anschließend in dünne Ringe schneiden.

2 Gurke und Möhren schälen und in feine Scheiben schneiden. Den Apfelessig mit dem Gemüsefond und den Gewürzen mischen.

3 Die Mischung im Wok zum Kochen bringen. Das vorbereitete Gemüse hineingeben und bei milder Hitze ca. 5-6 Minuten garen. Anschließend herausnehmen und gut abtropfen lassen.

4 Die Bambusblätter mit warmem Wasser abspülen und trocknen lassen. Die Bambusblätter in ein Dampfkörbchen geben und soweit überstehen lassen, dass sie über dem Gargut später geschlossen werden können.

5 Das Barschfilet waschen und trocknen. Das Öl mit Ingwersaft und Mirin verrühren und die Fischfilets darin 4-5 Minuten marinieren. Die Muscheln in ein Sieb geben und gut abtropfen lassen.

6 Die Gemüsemischung auf den Bambusblättern verteilen. Die Fischfilets mit der Marinade darauf legen und die Muscheln darüber geben. Die Bambusblätter über dem Gargut zusammenklappen und die Päckchen in das Dampfkörbchen legen.

7 Den Gemüsefond wieder zum Kochen bringen und das Dampfkörbchen in den Wok setzen. Bei milder Hitze zugedeckt ca. 10 Minuten dämpfen. Den Barsch anrichten und servieren.

Raffinierte Fischbällchen

■ **Für 4 Portionen**

1 Bund Frühlingszwiebeln
3-4 Knoblauchzehen
3-4 Chilischoten
800 g Seefischfilet
Salz
Pfeffer
1 El getrocknetes gerebeltes Zitronengras
1 El Ingwerpulver
1 Tl Kurkuma
4-5 El Erdnussöl
350 ml Kokosmilch, ungesüßt
1 El Kokosnusscreme
1 El Chilisauce (FP)
Süß-saure Sauce (FP)

Zubereitungszeit: ca. 30 Minuten
855 kcal/3592 kJ

1 Die Frühlingszwiebeln putzen, waschen, trocknen und in Stücke schneiden. Die Knoblauchzehen schälen. Die Chilischoten halbieren, entkernen und die Schoten unter fließendem kalten Wasser waschen.

2 Das Fischfilet waschen, trocknen und in Stücke schneiden. Den Fisch zusammen mit den Frühlingszwiebeln, den Knoblauchzehen und den Chilischoten durch die feine Scheibe des Fleischwolfes drehen.

3 Die Fischmasse mit den Gewürzen abschmecken und zu kleinen Bällchen formen. Das Öl im Wok erhitzen und die Fischbällchen darin portionsweise ca. 5-6 Minuten braten. Herausnehmen und warm stellen.

4 Die Kokosmilch zusammen mit der Kokoscreme und der Chilisauce in das verbliebene Bratfett rühren. Die Fischbällchen hineingeben und bei milder Hitze ca. 10 Minuten garen. Die Fischbällchen mit der Sauce anrichten und eventuell noch mit süß-saurer Sauce servieren.

MIT SÜSS-SAURER SAUCE

Tipp

Die Bällchen werden sehr pikant, wenn Sie je zur Hälfte Fischfilet und Garnelen nehmen oder je 1/3 Fischfilet, Garnelen und geräucherten chinesischen Schinken aus dem Asia-Shop.

Heilbutt mit Sprossen

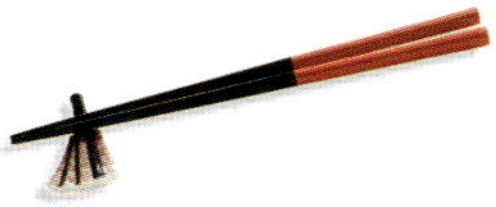

Für 4 Portionen

800 g Heilbutt
Zitronensaft
Salz
Pfeffer
5-6 El Sesamöl
200 g Kidney-Bohnen aus der Dose
500 g Power-Sprossen-Mix (FP)
2-3 El Sojasauce
2-3 Noriblätter

Zubereitungszeit: ca. 25 Minuten
482 kcal/2024 kJ

Sprossenmix

Frische Sprossen sind in Naturkostläden und Reformhäusern erhältlich. Der Power-Sprossen-Mix enthält Weizen,-Adzukibohnen-, Mungobohnen-, Alfalfa-, Radieschen- und Zwiebelsprossen.

1 Den Heilbutt putzen, waschen, trocknen und in Streifen schneiden. Die Fischstreifen mit Zitronensaft beträufeln und mit Salz und Pfeffer würzen.

2 Das Öl im Wok erhitzen und die Fischstreifen darin portionsweise ca. 4 Minuten braten. Die Kidney-Bohnen in ein Sieb geben und gut abtropfen lassen. Die Sprossen mit kaltem Wasser abspülen und ebenfalls gut abtropfen lassen.

3 Die Bohnen mit den Sprossen zu den Fischstreifen geben und unter Rühren ca. 3-4 Minuten braten. Das Ganze mit der Sojasauce würzen.

4 Die Noriblätter in einer Pfanne ohne Fett von einer Seite rösten und anschließend zerbröseln. Den Heilbutt anrichten, mit den zerbröselten Noriblättern bestreuen, eventuell mit Zitronenstücken und Petersilie garnieren und servieren.

GOURMET-RÜHREI

■ **Für 4 Portionen**

4-5 El Sesamöl
200 g Spinat, grob gehackt (TK)
50 g Zwiebel-Knoblauch-Mischung (TK)
200 g Shiitake-Pilze
4-5 El Reiswein
200 g geschälte, gekochte Riesengarnelen
5-6 Eier
Mineralwasser
Salz
Pfeffer
Kardamompulver
Keta-Kaviar zum Garnieren

Zubereitungszeit: ca. 25 Minuten
427 kcal/1793 kJ

1 Das Öl im Wok erhitzen und den Spinat mit der Zwiebel-Knoblauch-Mischung darin 5-6 Minuten braten. Die Pilze putzen, in Streifen schneiden und dazugeben. Unter Rühren weitere 2-3 Minuten braten.

2 Den Reiswein und die Garnelen dazugeben und alles bei milder Hitze ca. 2-3 Minuten schmoren. Die Eier mit etwas Mineralwasser verquirlen. Mit Salz, Pfeffer und Kardamom würzen und über die Garnelen-Gemüse-Mischung geben.

3 Alles ca. 7 Minuten bei milder Hitze ziehen lassen und dabei immer wieder umrühren. Das Rührei auf Tellern anrichten und mit Kaviar garniert servieren.

Kaviar

Kaviar oder Rogen ist die Sammelbezeichnung für die schmackhaften „Eierchen" von Fischen und Meeresfrüchten. Im Gegensatz zum schwarzen oder grauen Kaviar verschiedener Störarten schimmert der Keta-Kaviar des Lachsrogen rötlich.

FRUCHTIG: SÜSSES

Auch der süße Abschluss eines köstlichen Menüs lässt sich problemlos im Wok zubereiten. Ob mit Bananen, Äpfeln, Kokos oder Kürbis – das Ergebnis ist in jedem Fall ein süßes, verführerisches Highlight.

GEDÄMPFTE OBST-WAN-TANS

■ **Für 4 Portionen**

125 g Mehl
1 1/2 Tl Zucker
1/2 Tl Schmalz
1 Apfel
1 Birne
1 El Zitronensaft
4 Pfirsichhälften aus der Dose
1 Babyananas
2-3 El Honig
1-2 El Zimtzucker
2-3 El gemahlene Mandeln
1 El Zucker

Zubereitungszeit: ca. 35 Minuten
330 kcal/1389 kJ

1 Das Mehl in eine Schüssel sieben. 1/2 El Zucker dazugeben. 50 ml Wasser leicht erwärmen und zusammen mit dem Schmalz unterrühren.

2 Alles zu einem einheitlichen Teig verkneten. Den Teig auf einer bemehlten Arbeitsfläche hauchdünn ausrollen. Den Teig in 12 gleich große Quadrate schneiden.

3 Den Apfel und die Birne schälen, entkernen und fein raspeln. Sofort mit dem Zitronensaft beträufeln. Die Pfirsiche in ein Sieb geben, gut abtropfen lassen und in kleine Würfel schneiden. Die Ananas schälen, den Strunk entfernen und ebenfalls in kleine Würfel schneiden.

4 Den Honig mit dem Zimtzucker und den gemahlenen Mandeln verrühren. Das Obst dazugeben und die Mischung in die Mitte der Teigquadrate geben. Die vier Ecken hochnehmen und oben zusammendrehen.

5 Die Wan Tans in ein Dampfkörbchen setzen. Ausreichend Wasser mit dem restlichen Zucker im Wok zum Kochen bringen. Die Körbchen hineinsetzen und zugedeckt bei milder Hitze ca. 10-12 Minuten garen. Die Wan Tans auf Tellern anrichten und servieren.

Zimtzucker

Bereiten Sie sich Zimtzucker am besten selbst zu: 1 Tl Zimtpulver mit 1/3 Tasse Rohrzucker mischen. In gut verschlossenen Gläsern hält sich die Mischung 1-2 Monate ohne Aromaverlust.

GEBACKENE ZIMTÄPFEL

Für 4 Portionen

2-3 Äpfel
2-3 El Zitronensaft
1-2 El Zimtzucker
6 El Weizenvollkornmehl
2 Eier
1 Prise Salz
1-2 El Sesamsaat
Erdnussöl zum Ausbacken
150 g Schmand oder 5-6 El Ahornsirup

Zubereitungszeit: ca. 35 Minuten
437 kcal/1835 kJ

1 Die Äpfel schälen, das Kerngehäuse ausstechen und die Äpfel in ca. 2 cm dicke Ringe schneiden. Sofort mit dem Zitronensaft beträufeln. Anschließend mit dem Zimtzucker bestreuen und 5-6 Minuten durchziehen lassen.

2 Für den Teig das Mehl mit den Eiern, dem Salz und der Sesamsaat verrühren. Ausreichend Erdnussöl im Wok erhitzen. Die Apfelscheiben durch den Teig ziehen und portionsweise im heißen Fett ausbacken.

3 Die Apfelscheiben entweder mit glatt gerührtem Schmand oder mit Ahornsirup anrichten und servieren.

Ahornsirup

Der aus dem Saft des Ahornbaumes gewonnene Sirup ist vor allem in Nordamerika ein beliebtes Mittel zum Süßen. Der dunkle, goldbraune Sirup hat einen leicht säuerlichen Beigeschmack und einen geringeren Zuckergehalt als Honig. Nach dem Öffnen muss er kühl gelagert werden.

BANANENCHIPS

■ **Für 4 Portionen**

100 g brauner Rohrzucker
Je 1-2 Tl Orangen- und Zitronenschalenaroma
50 g gemahlene ungesalzene Erdnüsse
10 Bananen
2-3 El Zitronensaft
100 g Kokosfett zum Ausbacken

Zubereitungszeit: ca. 35 Minuten
624 kcal/2620 kJ

Bananen
Bananen enthalten Mineralstoffe und Vitamine, vor allen Dingen Vitamin B 6, welches gut für die Blutbildung und den Eiweißstoffwechsel ist.

1 Den Zucker mit dem Orangen- und Zitronenschalenaroma und den Erdnüssen mischen. Die Bananen schälen und in Scheiben schneiden. Sofort mit Zitronensaft beträufeln.

2 Das Kokosfett im Wok erhitzen. Die Bananenscheiben in der Zuckermischung wenden und portionsweise in dem heißem Kokosfett ausbacken.

3 Die Bananenchips herausnehmen und auf Kuchengitter auskühlen lassen. Dabei aufpassen, dass die Chips nicht zusammenkleben.

KÜRBIS-MÖHREN-TASCHEN

Für 4 Portionen

12 Reisblätter
200 g süß-sauer eingelegter Kürbis
100 g süß-sauer eingelegter Ingwer
200 g Möhren
6 El brauner Zucker
2-3 El Milch
Kardamom-, Ingwer- und Anispulver
50 g Rosinen
1 Prise Safran
50 g geriebene Pecannüsse
50 g Butter
3-4 El Ingwerkonfitüre
1 El Zucker
1/2 Bund Zitronenmelisse

Zubereitungszeit: ca. 40 Minuten
365 kcal/1536 kJ

1 Die Reisblätter auf einem feuchten Tuch auslegen und anfeuchten, damit sie formbar werden. Den Kürbis und den Ingwer in ein Sieb geben und gut abtropfen lassen.

2 Kürbis und Ingwer in feine Würfel schneiden. Die Möhren schälen und fein raspeln. Die Möhrenraspel mit den Ingwer- und Kürbiswürfeln mischen.

3 Den Zucker, die Milch und die Gewürze dazugeben und miteinander verrühren. Die Rosinen, den Safran und die Pecannüsse unterheben.

4 Die Reisblätter auf einer Arbeitsplatte ausbreiten und die Kürbis-Möhren-Masse darauf verteilen. Die Butter mit der Konfitüre verrühren und die Masse damit bestreichen.

5 Alles zu Beutelchen formen und in den Dampfeinsatz setzen. Ausreichend Wasser mit dem Zucker im Wok zum Kochen bringen. Das Dampfkörbchen hineinsetzen und alles zugedeckt bei milder Hitze ca. 10-15 Minuten garen.

6 Die Zitronenmelisse waschen, trocknen und die Blättchen abzupfen. Die Beutelchen damit garnieren und servieren.

Kardamom
Von dem grünen und schwarzen Kardamom werden in Asien vor allem die runzeligen Samen der grünen, dreikantigen Kapseln für Currys, Gemüsegrichte und Gebäck verwendet.

Kokos-Frucht-Omeletts

■ **Für 4 Portionen**

4 Sharonfrüchte
2 Kiwis
2 Guaven
2-3 El brauner Zucker
100 g Kokosnuss-creme
100 g Kokosflocken
4-6 Eier
Etwas Mineralwasser
2-3 El Kokosfett zum Braten

Zubereitungszeit: ca. 30 Minuten
404 kcal/1696 kJ

1 Die Sharonfrüchte von den Stielansätzen befreien und die Schale abziehen. Die Früchte in Würfel schneiden.

2 Die Kiwis und die Guaven schälen und in feine Würfel schneiden. Das Obst mit dem Zucker, der Kokosnusscreme und den Kokosflocken mischen.

3 Die Eier 2-3 Minuten schaumig schlagen und etwas Mineralwasser unterheben.

4 Das Fett erhitzen und portionsweise aus dem Teig dünne Omeletts ausbacken. Die Omeletts auf Küchenpapier abtropfen lassen, das Obst darauf verteilen, zusammenklappen, anrichten und servieren.

Sharonfrüchte
Die orangefarbenen, tomatengroßen Früchte – benannt nach der Küstenebene zwischen Tel Aviv und dem Karmelgebirge – werden wie Äpfel gegessen. Sowohl roh als auch in Desserts und als Beilage zu Geflügelgerichten bestechen sie durch ihr süßes Aroma.

BATATE-BÄLLCHEN

■ **Für 4 Portionen**

500 g Bataten aus der Dose
3-4 El Mohnsaat
1 El Vollkornmehl
1-2 El Rohrzucker
1-2 Eier
Ingwer-, Kardamom- und Nelkenpulver
Vanilleextrakt
100 g Kokosfett zum Ausbacken
Puderzucker

Zubereitungszeit: ca. 35 Minuten
522 kcal/2192 kJ

1 Die Bataten in ein Sieb geben und gut abtropfen lassen. Anschließend mit einer Gabel zerdrücken.

2 Den Mohn, das Mehl und den Zucker unterrühren. Die Eier verquirlen und ebenfalls zu der Batatenmasse geben. Die Masse mit den Gewürzen abschmecken und zu kleinen Bällchen formen.

3 Das Kokosfett im Wok erhitzen und die Bällchen darin goldgelb ausbacken. Auf Küchenpapier abtropfen lassen und mit Puderzucker bestreut servieren.

Bataten

Die auch als Süßkartoffeln bekannten tropischen Knollengewächse zeichnen sich durch einen hohen Stärke- und Zuckergehalt aus, durch viel Vitamin A und C. Das Mehl der Batate eignet sich hervorragend zum Andicken von Suppen, Saucen oder Süßspeisen.